lonely planet

LO MEJOR • VIDA LOCAL • GUÍA PRÁCTICA

# VALENCIA

## *de cerca*



Andy Symington

geoPlaneta

# En este libro

## Guía rápida

Claves para comprender la ciudad: ayuda para decidir qué hacer y cómo

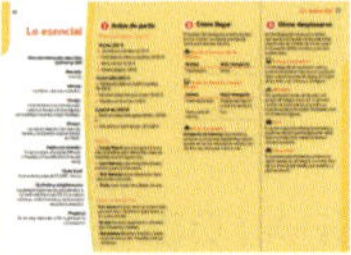

**Lo esencial**
Consejos para un viaje sin problemas

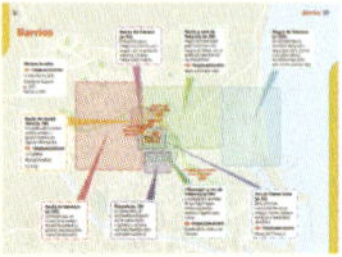

**Barrios**
Dónde está cada cosa

## Explorar Valencia

Lo mejor para ver y hacer, barrio a barrio

**Principales puntos de interés**
Aprovechar al máximo la visita

**Vida local**
Conocer la ciudad como un residente

## Lo mejor de Valencia

Prácticos listados para planificar el viaje

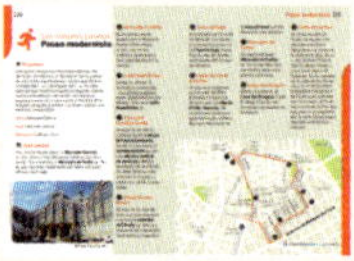

**Los mejores paseos**
Conocer la ciudad a pie

**Lo mejor**
Las mejores experiencias

## Guía práctica

Trucos y consejos útiles

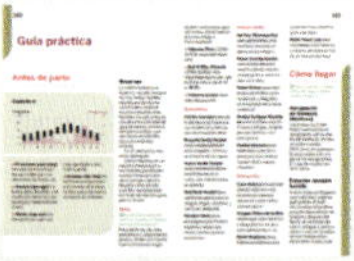

**Cómo desplazarse**
Viajar como un residente

**Información esencial**
Incluye alojamientos

Nuestra selección de los mejores sitios para comer, beber y visitar

**Puntos de interés**

**Dónde comer**

**Dónde beber**

**Ocio**

**De compras**

Estos símbolos ofrecen información esencial para cada recomendación:

- Números de teléfono
- Horario
- Aparcamiento
- Prohibido fumar
- Acceso a internet
- Acceso wifi
- Selección vegetariana
- Menú en inglés
- Apto para familias
- Apto para mascotas
- Autobús
- Ferri
- Metro
- *Subway*
- London Tube
- Tranvía
- Tren

Para encontrar rápidamente cada recomendación en los mapas de barrio:

## Valencia de Lonely Planet

Las guías de bolsillo de Lonely Planet están diseñadas para llevar al viajero al corazón de la ciudad. Incluyen los puntos de interés más destacados y proporcionan consejos para una visita inolvidable. Con el fin de facilitar la orientación del lector, la ciudad se divide en barrios y se incluyen mapas de fácil lectura. Nuestros expertos autores han buscado lo mejor del lugar –paseos, comida, vida nocturna y compras, entre otras sugerencias–, y las páginas de "Vida local" llevan a las zonas más atractivas y auténticas. También se incluyen consejos prácticos, necesarios para un viaje sin problemas: itinerarios para hacer visitas breves, cómo desplazarse y cuánta propina dejar. Esta guía es toda una garantía para disfrutar de una experiencia fantástica.

## Nuestro compromiso

El viajero puede confiar en esta guía, ya que los autores de Lonely Planet visitan los lugares sobre los que escriben en cada edición y nunca aceptan ningún tipo de obsequio a cambio de reseñas positivas.

## Guía rápida 7



## Explorar Valencia 21



### Merece la pena:

# Lo mejor de Valencia 127

## Los mejores paseos



## Lo mejor



# Guía práctica 147

# Guía rápida



## Bienvenidos a Valencia

La tercera mayor ciudad de España es magnífica, un lugar realmente agradable para vivir, con un panorama cultural y gastronómico en auge y una animada vida nocturna. Cuenta con una fantástica arquitectura contemporánea y algunos edificios modernistas fabulosos, buenos museos y un barrio antiguo con carácter. La región es famosa por los platos de arroz, como la paella, pero su gastronomía ofrece mucho más.

Ciudad de las Artes y las Ciencias (p. 66).
PAUL PRUDENCE / GETTY IMAGES ©

# Principales puntos de interés

**Ciudad de las Artes y las Ciencias** (p. 66)

Este imponente conjunto de arquitectura moderna es obra, principalmente, del famoso arquitecto valenciano Santiago Calatrava. Los edificios impresionan por su audacia y fluidez.

KIMBERLEY COOLE / GETTY IMAGES ©

## **La catedral** (p. 36)

La evocadora catedral gótica de la ciudad es el lugar más destacado del casco antiguo; contiene obras de arte impresionantes y nada menos que el supuesto Santo Grial.

JULIAN ELLIOTT PHOTOGRAPHY / GETTY IMAGES ©

ANZELETTI / GETTY IMAGES ©

## **La Lonja** (p. 42)

La antigua lonja, uno de los principales ejemplos de gótico civil de la península Ibérica, alberga una espectacular sala principal con columnas y tallas muy interesantes.

## Mercado Central (p. 40)

Resulta fascinante pasear por este animado mercado y disfrutar de sus puestos repletos de alimentos de calidad, desde pescado del Mediterráneo hasta verduras de la famosa huerta valenciana.

STEFANO POLITI MARKOVINA / GETTY IMAGES ©

## Museo de Bellas Artes (p. 90)

Excelente para cualquier interesado en el arte español. Cuenta con una colección especialmente notable del influyente pintor valenciano Joaquín Sorolla.

LONELY PLANET / GETTY IMAGES ©

## Museo del Patriarca (p. 24)

Esta diminuta galería, en la planta alta de un seminario, posee una destacada colección de arte de los ss. XVI y XVIII, la cual incluye obras de Caravaggio y El Greco.

ENRIQUE STEFANO POLITI MARKOVINA / GETTY IMAGES

KESIPUN / SHUTTERSTOCK ©

## La Albufera (p. 120)

Esta laguna situada al sur de la ciudad es excelente para observar aves. Los arrozales circundantes suministran arroz para las famosas paellas valencianas. También hay playas atractivas.

PAVEL DUDEK / SHUTTERSTOCK ©

## Xàtiva (p. 124)

Su magnífico castillo hace de esta agradable ciudad un destino interesante para una excursión de un día. Aparte del interés histórico derivado de las diferentes fases de ocupación, las vistas son espectaculares.

INU / SHUTTETSTOCK ©

## Castillo de Sagunto (p. 122)

Una fortaleza de tamaño impresionante domina las cimas gemelas de esta ciudad cercana a Valencia. Por su larga historia y situación dominante, es un lugar magnífico para dar un paseo.

# Vida local

## *Consejos para conocer la ciudad auténtica*

Valencia se caracteriza más por su gente y su forma de vida que por sus monumentos. Es fácil meterse bajo la piel de la ciudad en cualquier lugar, pero resulta especialmente gratificante explorar estas zonas por su marcado sabor local.

### Paseo por el cauce del Turia (p. 118)

El antiguo cauce del río, que atravesaba el centro de la ciudad hasta desembocar en el mar, es hoy un parque de 9 km donde los valencianos corren, juegan, pasean a pie o en bicicleta, comen y ligan. Vale la pena recorrer toda su longitud para empaparse del ambiente de esta arteria verde.

### Una noche en Russafa (p. 78)

Qué gran barrio es Russafa. En unas pocas manzanas, se concentra una gran cantidad de bares de tapas innovadoras, tiendas alternativas, bares bohemios y galerías peculiares. Salir de noche por la zona es la mejor forma de conocer cómo se divierten los valencianos.

### El Cabanyal (p. 104)

A veces es fácil olvidar que la ciudad está junto al mar y que posee una importante tradición portuaria. El barrio de pescadores es el lugar ideal para ver el lado marítimo de la ciudad, y su ambiente local es muy agradable.

### Benimaclet (p. 92)

Este pequeño barrio de casitas de trabajadores, bonito pero modesto, alberga un sorprendente panorama artístico y cultural local. Los cafés, bares y espacios cooperativos son un hervidero de actividades impulsadas por los vecinos, siempre con atención a lo sostenible y a lo socialmente progresista.

LUCAS VALLECILLOS / AGE FOTOSTOCK ©

El Cabanyal (p. 104).

Jardín del Turia (p. 118).

PIETRO SCOZZARI / AGE FOTOSTOCK ©

**Otras joyas escondidas:**

- Microteatre València (p. 86)
- Café Museu (p. 62)
- Aquarium (p. 73)
- Valencia Basket Club (p. 74)
- Nuestra Señora de los Desamparados (p. 49)
- Horchatería Els Sariers (p. 96)
- Museo del Corpus (p. 59)
- La Casa de los Falleros (p. 29)
- Filmoteca (p. 32)
- Barrio chino (p. 116)

# Un plan para cada día

## Primer día

Es ideal empezar conociendo el casco antiguo y sus principales puntos de interés. En primer lugar, el **Mercado Central** (p. 40), para verlo en pleno ajetreo, luego se pueden apreciar los encantos góticos de **La Lonja** (p. 42), al otro lado de la calle. El almuerzo del primer día puede ser un arroz tradicional; en **Navarro** (p. 29) lo preparan como les gusta a los valencianos.

Muchos sitios siguen cerrados después de comer, pero la **catedral** (p. 36) está abierta y es buen momento para visitarla. Después de ver el Santo Grial, es interesante subir al campanario. Si queda energía, se puede visitar otro lugar cercano, por ejemplo, **La Almoina** (p. 47) para inspeccionar viejos cimientos subterráneos.

Para cenar y tomar una copa sin duda es ideal la tentadora zona de tapas de Russafa. Conviene llegar temprano para ver antes un par de tiendas *vintage* y tomar algo en el **Ubik Café** (p. 84). Se escoge alguno de los muchos bares de tapas que llenan las calles y, por último, se toma un cóctel en **La Fusteria** (p. 84).

## Segundo día

Se va en autobús hasta los atrevidos edificios de la fascinante **Ciudad de las Artes y las Ciencias** (p. 66). Primero se inspecciona el **Palau de les Arts Reina Sofía** (p. 67), luego el **Hemisfèric** (p. 67) y el **Museo las Ciencias Príncipe Felipe** (p. 67). Hay que dedicar un rato a pasear por el complejo, e incluso pasar el día entero allí si se dispone de tiempo. En caso contrario, se puede volver andando al centro por los **Jardín del Turia** (p. 95) y entrar en L'Eixample para almorzar en **La Gallineta** (p. 72).

Después de comer, se cruza hasta el **Mercado de Colón** (p. 71) para tomar una horchata. Luego se recorren las *boutiques* de L'Eixample hasta llegar a la **estación del Norte** (p. 28), otra maravilla modernista.

Al caer la tarde, se da un paseo por el emblemático barrio del Carmen, en el casco antiguo. Tras mirar qué se cuece en el **Centro del Carmen** (p. 58), hay que parar en el **Café Museu** (p. 62) para sumergirse en el ambiente bohemio del barrio. Para cenar se puede escoger entre unas tapas en **El Tap** (p. 59), o cocina de fusión creativa en **Refugio** (p. 59). Para terminar, una copa y *jazz* en **Jimmy Glass** (p. 61).

**¿Hay poco tiempo?**

Estos itinerarios han sido creados para aprovechar al máximo el tiempo disponible para conocer lo mejor de la ciudad.

## Tercer día

Por la mañana se exploran otros puntos del casco antiguo: el **Museo Nacional de Cerámica** (p. 27), el cercano **Museo del Patriarca** (p. 24) y las **Torres de Serranos** (p. 58), desde donde puede disfrutarse del panorama de la ciudad y el parque del Turia. Luego se regresa al núcleo del centro para almorzar en **La Salvaora** (p. 50). Si se va con niños es buena opción visitar por la mañana el **Bioparc** (p. 113), en el oeste de la ciudad.

Por la tarde, se cruza el Turia hasta el **Museo de Bellas Artes** (p. 90) para disfrutar de la obra de los grandes de la pintura española, entre ellos el valenciano Joaquín Sorolla.

Desde allí, hay un corto trayecto hasta Benimaclet, donde cabe pasar la tarde-noche en sus cafés culturales. Si no, se puede probar uno de los restaurantes gastronómicos de Valencia: **Ricard Camarena** (p. 81) o **El Poblet** (p. 29) de Quique Dacosta. Si se prefiere una comida más ligera, los mismos chefs tienen restaurantes de tapas cerca: **Canalla Bistro** (p. 83) y **Vuelve Carolina** (p. 29), respectivamente. Después de cenar, unas copas en **Café Negrito** (p. 52) o **Tyris on Tap** (p. 52) o música en directo en **Black Note** (p. 100).

## Cuarto día

Hay que dirigirse a los barrios ribereños, bien en tranvía o alquilando una bicicleta. Se explora el barrio marinero del Cabanyal, visitando el **Museo del Arroz** (p. 105) y parando a tomar una tapa en la maravillosa **Bodega Casa Montaña** (p. 105). Después, se da una vuelta por el paseo marítimo a pie o en bicicleta. Cerca de su extremo norte, **La Más Bonita** (p. 108) es agradable para almorzar.

Por la tarde, hay que ir a **La Albufera,** al sur de la ciudad (también se puede pasar allí el día y comer un arroz), sin olvidar los prismáticos para ver aves. Se da una vuelta en barca por la laguna y un paseo por las dunas. Antes de regresar a la ciudad se puede ver la puesta de sol desde el **Mirador El Pujol** (p. 121).

Si apetece, por la noche se puede volver a Russafa, aunque la zona cercana a la plaza Xúquer también es atractiva. Se puede tomar un montadito si se consigue entrar en **Tanto Monta** (p. 96), y luego cenar en el marroquí **Balansiya** (p. 96). Después se puede tomar algo en **La Salamandra** (p. 98) o investigar la bulliciosa vida nocturna universitaria cercana a la plaza Honduras.

# Lo esencial

Para más información véase 'Guía práctica' (p. 148)

**Moneda**
Euro (€)

**Idioma**
Castellano, valenciano (catalán).

**Visado**
Generalmente no es necesario para estancias de hasta 90 días. Algunas nacionalidades necesitan visado Schengen.

**Dinero**
Los cajeros abundan. Casi todos los hoteles y restaurantes aceptan tarjetas de crédito.

**Teléfonos móviles**
Es fácil comprar una tarjeta SIM local. El *roaming* con una SIM de la UE es muy barato.

**Hora local**
Hora central europea (UTC/GMT + 1 hora).

**Enchufe y adaptaciones**
Los enchufes tienen dos clavijas redondas; la corriente eléctrica es de 230 V. Los viajeros británicos, norteamericanos y de Australasia necesitarán adaptador.

**Propinas**
No son muy habituales; el 5% es generoso en un restaurante.

## 1 Antes de partir

### Presupuesto diario

**Hasta 100 €**

- Dormitorio colectivo: 13-22 €
- Habitación doble en hotel económico: 40-65 €
- Menú del día: 10-18 €
- Billete autobús: 1,50 €

**Entre 100-200 €**

- Habitación doble en hotel de 3 estrellas: 60-100 €
- Cena en restaurante de precio medio: 35-55 €
- Trayecto corto en taxi: 5-10 €

**A partir de 200 €**

- Menú degustación en restaurante gastronómico: 40-90 €
- Habitación doble en hotel de lujo: 120-200 €

### Webs

- **Lonely Planet** (www.lonelyplanet.es) Información del destino, reservas hoteleras, foro de viajeros, etc.
- **Love Valencia** (www.lovevalencia.com) Eventos y buena información.
- **Visit Valencia** (www.visitvalencia.com) Web oficial de turismo.
- **Renfe** (www.renfe.com) Billetes de tren.

### Con antelación

**Tres meses** Reservar mesa en restaurantes gastronómicos. También el alojamiento si se va a ir en Fallas.

**Un mes** Reservar alojamiento y entradas para conciertos u óperas.

## 2 Cómo llegar

El trayecto del aeropuerto al centro es fácil en taxi o metro. La estación principal de trenes está bastante céntrica.

### Desde el aeropuerto de Valencia

| Destino | Mejor transporte |
|---|---|
| Toda Valencia | Metro |

### Desde la estación Joaquín Sorolla

| Destino | Mejor transporte |
|---|---|
| Centro de Valencia | Autobús lanzadera a la estación del Norte |
| Playas, oeste de Valencia | Taxi |

### En el aeropuerto

**Aeropuerto de Valencia** Tiene todos los servicios; en la zona de llegadas hay cajeros, alquiler de coches, información turística, etc. También hay sitios para comer y wifi.

## 3 Cómo desplazarse

Es fácil desplazarse a pie por el centro, que cuenta con amplias zonas peatonales. Alquilar una bici también es buena opción. El transporte público es eficaz y los taxis cuestan poco.

### Transporte público

La red integrada de autobuses, metro y tranvías es eficiente, fácil de usar y útil para llegar a destinos como las playas, la Ciudad de las Artes y las Ciencias y el Bioparc.

### Bicicleta

Hay una buena red de carriles bici, y el parque del antiguo cauce del río permite acceder de forma rápida y sin tráfico a muchas partes de la ciudad. Se alquilan bicis en numerosos lugares.

### Taxi

Es barato según los estándares europeos y puede ser práctico para desplazarse, sobre todo a la Ciutat Vella, donde escasea el transporte público.

### Automóvil

Si se planea salir de Valencia y explorar la región, puede ser útil alquilar un coche. Para dentro de la ciudad resulta poco práctico, y aparcar es caro.

# Barrios

### Merece la pena

**Principales puntos de interés**

- La Albufera (p. 120)
- Castillo de Sagunto (p. 122)
- Xàtiva (p. 124)

### Barrio del Carmen (p. 54)

El histórico casco antiguo es perfecto para pasear, con un ambiente bohemio y buenos restaurantes y bares.

### Norte de Ciutat Vella (p. 34)

El corazón de la ciudad destila carácter y guarda numerosos lugares interesantes.

**Principales puntos de interés**

- La catedral
- Mercado Central
- La Lonja

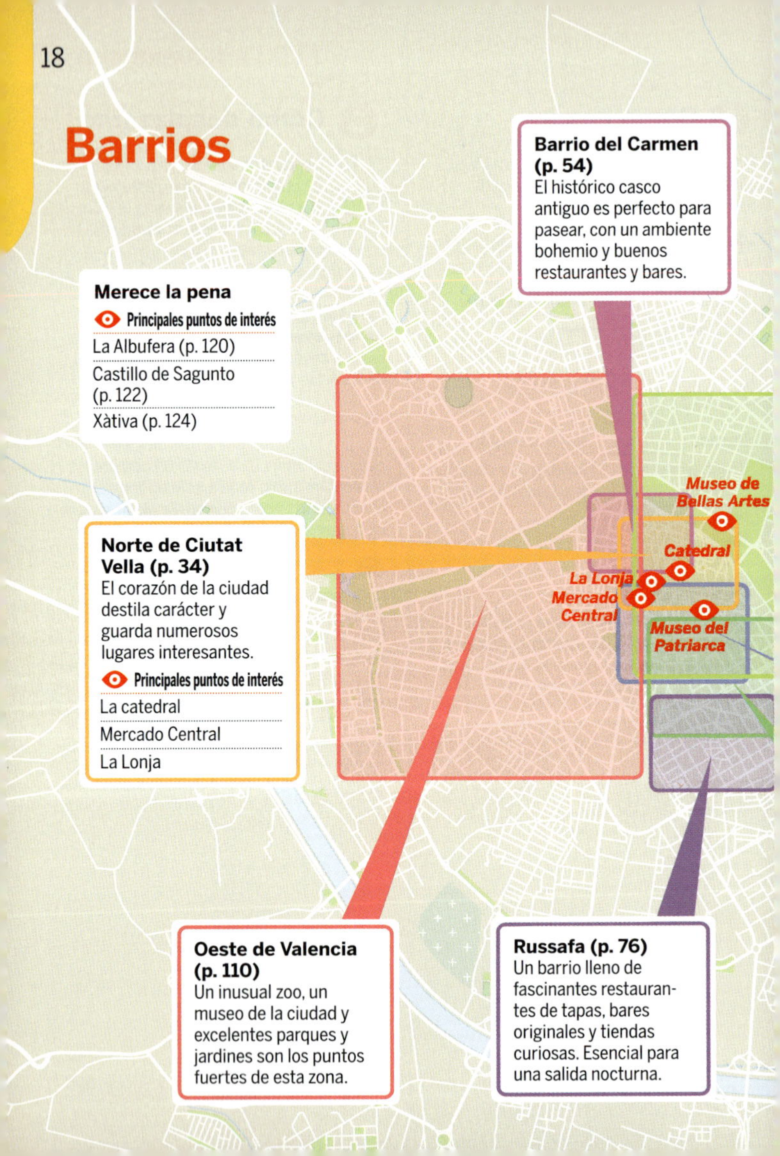


### Oeste de Valencia (p. 110)

Un inusual zoo, un museo de la ciudad y excelentes parques y jardines son los puntos fuertes de esta zona.

### Russafa (p. 76)

Un barrio lleno de fascinantes restaurantes de tapas, bares originales y tiendas curiosas. Esencial para una salida nocturna.

### Norte y este de Valencia (p. 88)
Hogar de la principal galería de arte y del equipo de fútbol, con un ambiente animado por los estudiantes.

**Principales puntos de interés**

Museo de Bellas Artes

### Playas de Valencia (p. 102)
Un animado barrio marítimo flanquea la larga playa de la ciudad, cuyo paseo ofrece numerosas opciones para comer y tomar algo.

### L'Eixample y sur de Valencia (p. 64)
Las elegantes avenidas de la ciudad nueva tienen excelentes tiendas y lugares para comer.

**Principales puntos de interés**

Ciudad de las Artes y las Ciencias

### Sur de Ciutat Vella (p. 22)
Es la zona más concurrida del casco antiguo, con las mejores compras y numerosos atractivos.

**Principales puntos de interés**

Museo del Patriarca

# Explorar Valencia



## Merece la pena



Xàtiva (p. 124).
PAVEL DUDEK / SHUTTERSTOCK ©

Explorar

# Sur de Ciutat Vella

La parte sur del casco antiguo, centrada en la amplia plaza del Ayuntamiento, es más bulliciosa y comercial que la parte norte, con la que se funde sin interrupción. La zona cuenta con imponentes edificios modernistas, tiendas de primera clase y muchas opciones de alojamiento que la convierten en el lugar elegido por muchos visitantes.

## Lo mejor en un día

Se parte de la **plaza del Ayuntamiento,** núcleo municipal de la ciudad, y se pasea alrededor de los puestos de flores y se admiran los edificios del amplio espacio rectangular, como el **ayuntamiento** (p. 28) y la **oficina principal de correos**. Al sur de la plaza se encuentra la bella **estación del Norte** (foto izda.; p. 28), de estilo modernista.

En el lado oriental del barrio, destaca la cantidad de edificios modernistas: se recomienda fijarse en las fachadas mientras se pasea. Además, los excelentes **Museo del Patriarca** (p. 24) y **Museo Nacional de Cerámica** (p. 27) podrían ocupar fácilmente medio día. Para almorzar, **La Utielana** (p. 30) sirve comida valenciana casera.

El barrio alberga la zona comercial más exclusiva de Valencia; se puede echar un vistazo a **Lladró** (p. 33) y al arte moderno de **Galería 4** (p. 32) y **Luis Adelantado** (p. 28). Tras cenar alta cocina (previa reserva) en **El Poblet** (p. 29), se puede tomar un cóctel en el elegante **Lotelito** (p. 30).

## Principales puntos de interés

Museo del Patriarca (p. 24)

## Lo mejor

### Dónde comer

El Poblet (p. 29)

Navarro (p. 28)

El Encuentro (p. 29)

Vuelve Carolina (p. 29)

### Museos y galerías

Museo del Patriarca (p. 24)

Museo Nacional de Cerámica (p. 27)

Ayuntamiento (p. 28)

Centro Cultural La Nau (p. 28)

Luis Adelantado (p. 28)

### Bares y clubes

Lotelito (p. 30)

## Cómo llegar

**Autobús** Por la plaza del Ayuntamiento pasan muchos autobuses; se puede llegar desde casi cualquier punto de Valencia.

**Metro** La estación Xàtiva está en el borde del barrio.

**Tren** La estación del Norte está en la zona.

Principales puntos de interés

# Museo del Patriarca

Este seminario, en el corazón del casco antiguo, fue fundado a finales del s. XVI por san Juan de Ribera, figura destacada de la Contrarreforma que ejerció un considerable poder espiritual y temporal en España y fuera del país. El edificio renacentista, impresionante aunque austero, destaca por su pequeño pero excelente museo de arte sacro. El santo arzobispo lo dotó de una magnífica colección de arte moderno (para la época), y es evidente que tenía buen ojo para la pintura.

Colegio de San Juan

plano p. 26, D2

Calle de la Nave 1

entrada 2 €

11.00-13.30 diario, a menudo también 17.00-19.00 lu-vi

## Indispensable

### Claustro

El patio-claustro es un sobrio espacio renacentista, con dos pisos y columnas de mármol de Carrara. Está decorado con azulejos de Talavera de la Reina. En el centro se eleva una estatua del santo fundador de época posterior.

### Caravaggio

El maestro italiano que cambió el curso del arte está representado por un cuadro de *El beso de Judas*. Junto a él, *La crucifixión de san Pedro* es una copia de una de sus obras más famosas.

### Tomás Moro

En la miniserie *Wolf Hall,* se ve a Tomás Moro escribir en la Torre de Londres mientras aguarda su ejecución. Resulta emocionante ver aquí el manuscrito auténtico en cuestión, que se descubrió en este lugar en la década de 1960. Moro no llegó a terminar la obra, pues sus papeles y plumas fueron confiscados.

### El Greco

El cretense afincado en España está representado por una fabulosa *Adoración de los pastores,* cuyos contornos casi impresionistas, luz sagrada fantasmal y cuerpos alargados son característicos de este magnífico pintor.

### Capilla de la Inmaculada

Situada a la derecha de la entrada del museo, está decorada con azulejos de Manises y ennoblecida con tapices flamencos. Los frescos de profetas del Antiguo Testamento del techo parecen algo toscos tras los espléndidos lienzos del museo.

### ☑ Consejos

- Aunque no forma parte de la visita, la iglesia principal también merece la pena (puerta de la izda. según se mira el edificio).
- El museo es pequeño; puede combinarse fácilmente con una visita a un sitio cercano, como el Museo Nacional de Cerámica.
- En el atrio de la iglesia contigua se encuentra *Lepanto*, un viejo caimán disecado. Fue un regalo del virrey del Perú a su tío Juan de Ribera, fundador del colegio. Se convirtió en una mascota muy querida por el severo católico, que lo hizo embalsamar para la posteridad.

### Una pausa

Se pueden recuperar fuerzas con cava y un par de ostras frescas en **Ostras Pedrín** (p. 30).

El tradicional **La Utielana** (p. 29) sirve almuerzos valencianos sencillos a precio módico.

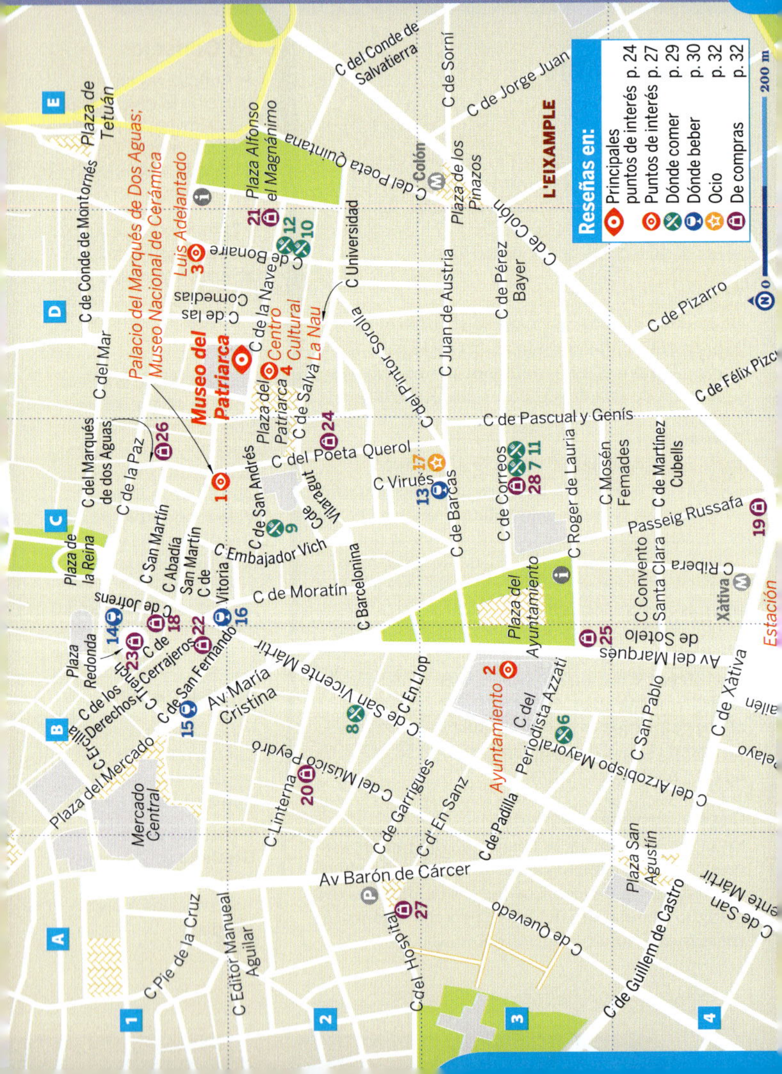
Reseñas en:
Principales puntos de interés p. 24
Puntos de interés p. 27
Dónde comer p. 29
Dónde beber p. 30
Ocio p. 32
De compras p. 32
200 m
L'EIXAMPLE
Museo del Patriarca
Palacio del Marqués de Dos Aguas; Museo Nacional de Cerámica
Luis Adelantado
Centro Cultural La Nau
Ayuntamiento
Estación
Plaza de Tetuán
Plaza Alfonso el Magnánimo
Plaza del Patriarca
Plaza de la Reina
Plaza Redonda
Plaza del Mercado
Mercado Central
Plaza del Ayuntamiento
Plaza de los Pinazos
Plaza San Agustín
Colón
Xàtiva
C de Conde de Montornés
C del Mar
C del Marqués de dos Aguas
C de la Paz
C San Martín
C Abadía San Martín
C de Vitoria
C de Jofrens
C de Cerrajeros
C Trench
C de los Derechos
C Ercilla
C de San Fernando
Av María Cristina
C de San Vicente Mártir
C En Llop
C del Músico Peydró
C Linterna
C de Garrigues
C d' En Sanz
C de Padilla
C del Periodista Azzati
C del Arzobispo Mayoral
C San Pablo
C de Xàtiva
C de Guillem de Castro
C de Quevedo
C del Hospital
C Editor Manuel Aguilar
C Pie de la Cruz
Av Barón de Cárcer
C de Moratín
C Embajador Vich
C de San Andrés
C de Vilaragut
C Barcelona
C Virués
C de Barcas
C del Poeta Querol
C de Salvá
C de la Nave
C de las Comedias
C de Bonaire
C Universidad
C del Pintor Sorolla
C Juan de Austria
C de Pascual y Genís
C de Correos
C Roger de Lauria
C Mosén Femades
C de Martínez Cubells
Passeig Russafa
C Convento Santa Clara
C Ribera
Av del Marqués de Sotelo
C de Pérez Bayer
C de Colón
C de Pizarro
C de Félix Pizcueta
C de Jorge Juan
C de Sorní
C del Conde de Salvatierra
C del Poeta Quintana
C de San Vicente Mártir

Relieves rococó en el exterior del Museo Nacional de Cerámica.

# Puntos de interés

## Palacio del Marqués de Dos Aguas

PALACIO

1 plano p. 26, C1

El exterior de este desmesurado palacio es todo un espectáculo; en la entrada principal dos grandes esculturas femeninas retorcidas resultan maravillosamente exageradas; también pueden apreciarse vistosos rasgos modernistas. El interior ofrece aún más suntuosidad en lo que hoy es el Museo Nacional de Cerámica. (Calle del Poeta Querol 2)

## Museo Nacional de Cerámica

MUSEO

Ocupa un llamativo palacio (véase 1 plano p. 26; C1) y es un homenaje a la importante industria de la cerámica en la región de Valencia. Abajo (si se consigue apartar la mirada de la suntuosa carroza de 1753 pintada a mano) se explica la historia de la cerámica desde el barroco hasta la modernidad; la información es buena, si bien a veces resulta difícil relacionarla con las piezas expuestas. Arriba, la cerámica histórica se intercala con obras modernas, aunque el opulento interior, todo estuco ornamentado, *chinoiserie,* paneles damasquinados y tapizados elaborados, acapara gran parte de la atención. Un desmesurado espectáculo rococó. (☎963 08 54 29; www.mecd.gob.es; calle del Poeta Querol 2; adultos/niños 3 €/gratis, sa tarde y do gratis; ⏲10.00-14.00 y 16.00-20.00 ma-sa, 10.00-14.00 do)

## Ayuntamiento MUSEO

2 plano p. 26, B3

El bonito ayuntamiento neoclásico domina la plaza a la que da nombre. Dentro, el **Museo Histórico Municipal** conserva piezas importantes para la identidad de la ciudad, como la espada que supuestamente blandió Jaime I cuando derrotó a los ocupantes musulmanes y un fascinante plano de Valencia de 1704, dibujado por el padre Tosca. Se entra por la puerta que queda al sur de las escaleras principales. (☎962 08 11 81; plaza del Ayuntamiento 1; gratis; ⏲9.00-15.00 lu-vi)

## Luis Adelantado GALERÍA

3 plano p. 26, D1

Este elegante local es un punto de referencia en la ciudad en cuanto a exposiciones de arte contemporáneo, cuidadosamente seleccionadas y de alta calidad. Con frecuencia exhibe verdaderas joyas, y hay una exposición anual de artistas jóvenes. (☎963 51 01 79; www.luisadelantado.com; calle de Bonaire 6; gratis; ⏲10.00-14.00 y 16.30-20.30 lu-vi, sa con cita previa)

## Centro Cultural La Nau UNIVERSIDAD

4 plano p. 26, D2

Es la sede de la Universidad de Valencia y posee un armonioso patio-claustro al que vale la pena entrar. Está rodeado de placas de académicos notables; cerca se encuentran la biblioteca histórica y la Sala Estudi General, un espacio de exposiciones. (☎963 86 43 77; www.uv.es; calle de la Nave; ⏲8.00-21.30 lu-sa, 9.00-14.00 do)

## Estación del Norte EDIFICIO DESTACADO

5 plano p. 26, B4

Los trenes entraron por primera vez en esta estación modernista, ricamente adornada, en 1917. El vestíbulo principal está decorado con murales y mosaicos de cerámica, además de deseos de "buen viaje" en las principales lenguas europeas. La fachada presenta motivos vegetales y naranjas; dentro, las ventanillas de madera donde se despachan los billetes son especialmente bonitas. No hay que perderse las pinturas sobre cerámica de Gregorio Muñoz Dueñas, en una sala a mano derecha. (calle de Xàtiva; gratis; ⏲5.30-24.00)

# Dónde comer

## Navarro

VALENCIANA €€

6 plano p. 26, B3

Es sinónimo de platos de arroz de calidad desde hace décadas. Lo regentan los nietos de los fundadores y ofrece un amplio surtido, mesas en la terraza y un menú del día que incluye uno de los arroces como plato principal. (963 52 96 23; www.restaurantenavarro.com; calle del Arzobispo Mayoral 5; arroces 11-18 €, menú 22 €; 13.30-16.00 todos los días, más 20.30-23.00 sa; )

## El Poblet

GASTRONÓMICA €€€

7 plano p. 26, C3

Dirigido por el renombrado chef Quique Dacosta, se encuentra en una planta alta y ofrece elegancia y alta cocina a precios competitivos para su nivel de calidad. Las influencias francesa y española modernas se combinan para crear suntuosos menús degustación. El personal es muy atento. (961 11 11 06; www.elpobletrestaurante.com; calle de Correos 8; menús 35-68 €; 13.30-15.30 ma, 13.30-15.30 y 20.30-22.30 mi-sa y lu; )

## Vuelve Carolina

MEDITERRÁNEA €€

Supervisado desde la distancia por Quique Dacosta y contiguo al lujoso El Poblet (véase 7 plano p. 26; C3). Es un alegre bar-restaurante con mucho estilo –aunque los taburetes de la barra podrían ser más cómodos– que ofrece un interesante surtido de tapas y platos, desde exquisitas creaciones de influencia japonesa hasta tacos, arroces, etc. El servicio es muy atento. (963 21 86 86; www.vuelvecarolina.com; calle de Correos 8; platos 7-19 €; 13.30-16.30 y 20.30-23.30 lu-sa; )

## El Encuentro

ESPAÑOLA €€

8 plano p. 26, B2

Tiene un ambiente agradablemente anticuado y ofrece cocina típica española a precios razonables. Hay muchos platos de cuchara, como alubias con chorizo; los de carne y pescado también son una opción fiable. Se aconseja mirar los vinos al entrar para no tener que levantarse luego. (963 94 36 12; www.restauranteelencuentro.es; calle de San Vicente Mártir 28; ppales. 12-18 €; 13.30-16.30 y 20.30-12.30 lu-sa; )

Vida local

### Vestirse para la fiesta

Los valencianos se toman las Fallas muy en serio. Para saber hasta qué punto, basta dirigirse a **La Casa de los Falleros** (plano p. 26, A3; 963 52 14 00; www.lacasadelosfalleros.com; calle de Quevedo 6; 9.30-13.30 y 16.30-20.00 lu-vi, 10.00-14.00 y 16.30-20.00 sa, cerrado sa tarde jul y ago). Es el lugar indicado para comprar un traje tradicional de fallera y complementos para la fiesta, o simplemente ver rollos y rollos de tela bordada con lentejuelas y percheros llenos de vestidos. Un conjunto ya confeccionado puede superar con creces los 500 €; si es hecho a medida, los precios son de cuatro cifras.

### La Utielana

VALENCIANA €

9 plano p. 26, C2

Está escondido y cuesta un poco localizarlo, pero bien merece un par de minutos de investigación. Es muy valenciano y se llena gracias a su comida sana de excepcional relación calidad-precio. Conviene llegar pronto, ya que no aceptan reservas; caso de tener que esperar, hay que tomar un tique numerado en la máquina expendedora. (Calle de San Andrés 3; ppales. 4-12 €; 13.15-16.00 y 21.00-23.00 lu-vi, 13.00-16.00 sa)

### Ostras Pedrín

PESCADO Y MARISCO €€

10 plano p. 26, D2

Pequeño y agradable local decorado con baldosas blancas y un aire sencillo de barrio. Sirven tres variedades de ostras, recién desbulladas a petición. También las preparan a la plancha y en tempura, pero frescas están fantásticas, acompañadas de una copa de cava, vino blanco o vermut. (963 76 70 54; calle de Bonaire 23; ostras 1,80-3,40 €; 11.00-23.00 o más tarde lu-sa, 11.00-16.00 do)

### Caboa

ESPAÑOLA €€

11 plano p. 26, C3

Pese a las líneas modernas y bien definidas, por algún motivo al local le falta ambiente; pero la cocina lo compensa con clásicos españoles y valencianos bien preparados, con presentaciones atractivas y sabores frescos e interesantes. Hay varios menús degustación y las raciones del bar están especialmente bien de precio. (963 94 44 19; calle de Correos 8; menús 15-35 €; 8.00-17.00 lu y ma, 8.00-17.00 y 20.30-23.30 mi-vi, 12.30-17.00 sa)

### Al Adwaq

NORTEAFRICANA €

12 plano p. 26, D2

Es el mejor de los restaurantes marroquíes de estas calles, y su ambiente de barrio resulta tentador. Solo los aromas ya invitan a entrar. Preparan deliciosa cocina casera marroquí y algunos platos al estilo del Mediterráneo oriental. No sirven alcohol. (963 44 02 35; www.aladwaq.com; calle de la Nave 16; platos 5-10 €; 13.00-17.00 y 20.30-23.30 lu-sa, 14.00-17.00 do)

Consejo

**Alojamiento**

Alojarse en este barrio es una opción interesante: está en el casco antiguo, pero también cerca de L'Eixample, Russafa y las estaciones de trenes. Hay una buena selección de alojamientos a buen precio.

## Dónde beber

### Lotelito

COCTELERÍA

13 plano p. 26, C3

La decoración industrial, la iluminación ambiental y el personal motivado lo convierten en un sitio ideal para to-

STEFANO POLITI MARKOVINA / GETTY IMAGES ©

Cafeterías en Ciutat Vella.

mar una copa. Sobre la barra hay una jaula llena de licores; los cócteles se preparan bien, aunque conviene mirar el precio antes. (www.lotelitovalencia.com; calle de Barcas 13; 8.00-1.30; )

### Horchatería de Santa Catalina

CAFÉ

14 plano p. 26, C1

La horchata es una bebida dulce, muy valenciana, que se elabora a base de chufas prensadas. Es costumbre mojar en ella unos bollos alargados llamados *fartons*. Se puede probar (2,70 €) en esta céntrica horchatería tradicional. (www.horchateriasantacatalina.com; plaza de Santa Catalina 6; 8.00-21.00 lu-vi, hasta 21.30 sa y do; )

### Birra & Blues

MICROCERVECERÍA

15 plano p. 26, B1

Situada en una esquina prominente cerca del mercado, ofrece 11 sabrosas cervezas fabricadas junto a la cercana playa, servidas en un bonito espacio moderno con una barra semicircular y una terraza. (963 92 56 41; www.birraeblues.com; av. María Cristina 12; 11.00-1.00; )

### Zzumo Mas

ZUMOS

16 plano p. 26, C1

Un bar de zumos céntrico, luminoso y alegre. Ofrece un buen surtido de zumos, combinados y *smoothies* a partir de 3 € aprox. (963 94 43 68; www.zzumomas.com; calle de San Vicente Mártir 19; 8.00-21.00 lu-sa, 10.00-21.00 do)

# Ocio

## Teatro Principal

TEATRO

17 plano p. 26, C3

Uno de los principales teatros de Valencia, con programación variada. (963 53 92 60; http://teatres.gva.es; calle de Barcas 15)

# De compras

## Las Ollas de Hierro

ARTESANÍA

18 plano p. 26, C1

La tienda más antigua de Valencia data de finales del s. XVIII y posee una historia fascinante. Las tarjetas de recuerdo, los accesorios falleros y los objetos religiosos quedan eclipsados por la maravillosa gama de figuras de belén. (Calle de los Derechos 4; 9.30-13.30 y 16.30-20.00 lu-vi, 10.00-14.00 y 17.00-20.00 sa, cerrado sa tarde may-oct)

Vida local

### Cine a precio reducido

Un clásico en Valencia es la **Filmoteca** (plano p. 26, C2; www.ivac.gva.es; plaza del Ayuntamiento), en el edificio del teatro Rialto, que proyecta clásicos en versión original y películas de arte y ensayo por solo 2 €. Es tan barato que hay quien entra solo para echarse la siesta en un sitio cómodo.

## Sombreros Albero

ACCESORIOS

19 plano p. 26, C4

Este venerable comercio cercano a la estación, regentado por la familia Albero desde 1820, cubrirá todas las necesidades en cuanto a sombreros. Muchos son de fabricación propia, y el surtido es impresionante. (963 51 22 45; www.sombrerosalbero.es; calle de Xàtiva 21; 10.00-14.00 y 17.00-20.30 lu-sa)

## Cestería El Globo

ARTESANÍA

20 plano p. 26, B2

Fundada en 1856, esta encantadora tienda ofrece artículos de mimbre tradicionales, además de caballitos de balancín y otros juguetes de madera. (www.cesteriaelglobo.com; calle del Músico Peydró 16; 10.00-13.30 y 16.30-20.00 lu-sa)

## Galería 4

ARTE

21 plano p. 26, D2

Atractiva galería y tienda de enmarcado. Es agradable para echar una ojeada y adquirir arte valenciano contemporáneo. (963 52 35 03; http://galeriacuatro.com; calle de la Nave 25; 9.30-14.00 y 17.00-21.00 lu-sa, cerrado sa jun-oct)

## Devil Records

MÚSICA

22 plano p. 26, B1

Una tiendecita de discos céntrica que vende principalmente vinilos nuevos y de segunda mano, con predominio del *rock*. (963 92 03 38; www.facebook.com/devilrecords; calle de Cerrajeros 5; 11.00-20.30 lu-sa)

## Plaza Redonda

ARTESANÍA

23 plano p. 26, B1

Este espacio circular del s. XIX –antiguo matadero del Mercado Central– se encuentra en el corazón de la ciudad. Aunque quizá tenga un aire demasiado turístico, hay un par de tiendas de cerámica tradicional que merecen la pena. (variable)

## Lladró

CERÁMICA

24 plano p. 26, C2

Hace más de medio siglo, los tres hermanos Lladró produjeron la primera de sus famosas esculturas de porcelana. Su fábrica, en las afueras de la ciudad, exporta figuritas a todo el mundo. El punto de venta al público, en la calle más elegante de Valencia, es casi un minimuseo. (963 51 16 25; www.lladro.com; calle del Poeta Querol 9; 10.00-20.00 lu-sa)

## Valencia Club de Fútbol Megastore

DEPORTES

25 plano p. 26, B3

En plena plaza del Ayuntamiento, esta tienda vende bufandas, gorros y otros recuerdos del principal club de fútbol de la ciudad. Arriba hay un café-bar. (963 51 47 42; http://vcfshop.com; av. del Marqués de Sotelo 1; 10.00-22.00)

Consejo

**El rincón de las marcas**

Los valencianos pudientes van de compras por la calle del Poeta Querol y la contigua calle de Salvá. Allí hay *boutiques* de diseñadores de renombre y marcas emblemáticas.

## Oxfam Intermón

ARTESANÍA, ROPA

26 plano p. 26, C1

Las tiendas de Oxfam en España se alejan bastante de la estética típica de una tienda benéfica. Esta es una de las mejores; ofrece ropa estilosa ecológica, y productos procedentes del comercio justo. (963 52 76 44; www.oxfamintermon.org; calle del Marqués de dos Aguas 5; 10.00-14.00 y 17.00-20.00 lu-vi, 10.00-14.00 y 17.30-20.30 sa)

## Librería Patagonia

LIBROS

27 planos p. 26, A2

Excelente agencia de viajes y librería especializada en turismo. También hay un buen surtido de mapas y artículos relacionados con el senderismo. (963 93 60 52; www.libreriapatagonia.com; calle del Hospital 1; 10.00-14.00 y 16.30-20.30 lu-vi, 10.30-14.00 y 17.30-20.30 sa)

## Hollywood

ROPA

28 plano p. 26, C3

Detrás de la oficina de correos, esta *boutique* ofrece alta costura para mujer de estilo bastante clásico. Muchas prendas son diseños del propietario, el valenciano Tomás García. (963 51 68 24; www.tomasgarcia.net; calle de Correos 6; 10.00-20.30 lu-sa)

Explorar

# Norte de Ciutat Vella

En el corazón de la Valencia histórica se encuentran varios de los principales puntos de interés de la ciudad y es la primera parada de muchos visitantes. Entre los tesoros de la catedral se cuenta el Santo Grial, mientras que La Lonja es un magnífico ejemplo del gótico civil. Hay otros vestigios históricos en el barrio, y el Mercado Central es uno de los mejores y más llamativos de España.

## Lo mejor en un día

Realmente a esta zona no se le puede hacer justicia en un día, así que conviene ceñirse a lo principal. Se comienza en el **Mercado Central** (p. 40) por la mañana, cuando está más animado. Enfrente, la fabulosa **Lonja** (p. 42) merece al menos una hora para aprovechar la audioguía.

Tras almorzar en **La Casa di Sophia** (p. 49), se investiga la zona central. La **plaza de la Virgen** (foto izda.; p. 47) es en muchos sentidos el centro del casco antiguo. Se puede entrar en la **catedral** (p. 36) y subir al Miguelete (campanario). Por la tarde, se pueden visitar **La Almoina** (p. 47) y el **Almudín** (p. 48).

Tras descansar un rato, por la tarde-noche se puede ir a ver qué se cuece en el **Centro Cultural Bancaja** (p. 48) antes de cenar las deliciosas creaciones de **Delicat** (p. 49) o **La Salvaora** (p. 50). Un digestivo en el **Café Negrito** (p. 52) o en el barroco **Café de las Horas** (p. 52) tampoco está fuera de lugar.

### Principales puntos de interés

Catedral (p. 36)

Mercado Central (p. 40)

La Lonja (p. 42)

### Lo mejor

**Dónde comer**

Delicat (p. 49)

La Salvaora (p. 50)

Lienzo (p. 50)

Alma del Temple (p. 50)

La Casa di Sophia (p. 49)

Cinnamon (p. 50)

La Pilareta (p. 50)

Tasca Ángel (p. 51)

**Parques y espacios al aire libre**

Plaza de la Virgen (p. 47)

Sant Jaume (p. 52)

### Cómo llegar

**Autobús** Aunque casi toda la zona es peatonal, por la plaza de la Reina (frente a la catedral) pasan muchos autobuses, p. ej. los n$^{os}$ 4, 6, 8, 9 y 11.

**Metro** Las estaciones más cercanas son Alameda y Pont de Fusta, al otro lado del Jardín del Turia.

# Principales puntos de interés

## Catedral

Es el plato fuerte del casco antiguo, un monumento notable y un sitio interesante que visitar, entre otras cosas porque contiene nada menos que el supuesto Santo Grial. A decir verdad, es un edificio de poca altura que impresiona más por dentro que por fuera, aunque el campanario es un icono de la ciudad.

plano p. 46, C3

963 91 81 27

www.catedraldevalencia.es

Plaza de la Virgen

adultos/niños 5/3,50 €

10.00-17.30 lu-sa, 14.00-17.30 do, cerrado do nov-feb

# Indispensable

## Exterior

La variedad de estilos utilizados a lo largo de los siglos se aprecia claramente, hasta el punto de producir un efecto algo fragmentario. No obstante, la fachada barroca cóncava de la entrada principal, junto al campanario, es impresionante.

## Interior

Construido tras la reconquista del s. XIII sobre la mezquita de la ciudad, que a su vez se había alzado sobre una iglesia visigótica, el interior es de escasa altura, pero no obstante evocador. La estructura principal es gótica, pero las capillas laterales, con columnas corintias neoclásicas, datan en su mayor parte de una restauración del s. XVIII. Los ladrillos y capiteles sin decorar dan a la nave un aire austero.

## El crucero

Es la parte más gratificante visualmente. En lugar de la habitual cúpula, está coronado por una pintoresca torre octogonal con dos notables hileras de arcos, construidos en los ss. XIV y XV. Apréciese el púlpito del s. XIV, desde el que se dice que predicó el santo valenciano Vicente Ferrer.

## Elementos renacentistas

Sobre el altar hay unos frescos renacentistas de ángeles sobre un fondo azul estrellado, descubiertos recientemente bajo la decoración barroca posterior. Destacan entre el ornato barroco y, aunque hoy están incompletos, presentan 12 ángeles músicos aclamando la Asunción. En comparación, los querubines dorados, el mármol rojo y las columnas helicoidales se antojan excesivamente recargados. También son renacentistas las sillas del coro, de madera de nogal,



## ☑ Consejos

- Casi todas las tiendas y varios monumentos cierran a mediodía, pero la catedral (y los museos municipales) permanece abierta, por lo que es buen momento para visitarla.
- Cuidado con las mujeres que, en el exterior de la catedral, insisten en dar a la gente ramitas de romero y tratan de cobrarles un precio desorbitado.

## Una pausa

Los restaurantes de las inmediaciones de la catedral suelen ser mediocres y para turistas. Es preferible la comida española moderna de **La Salvaora** (p. 50) o las tapas exquisitas de **Delicat** (p. 49).

y el retablo, con pinturas restauradas de escenas bíblicas.

### Deambulatorio

La estatua de alabastro conocida como la *Virgen del coro* (s. XV) es muy venerada. Las futuras madres le rezan y dan nueve vueltas a la catedral para pedir un feliz embarazo y alumbramiento. Enfrente, justo detrás del altar, la capilla de la Resurrección posee un pórtico de alabastro pulido, un relieve de la Resurrección y el macabro brazo izquierdo de san Vicente Mártir, que parece conservar algún que otro pelo.

Comprender

## El Tribunal de las Aguas

Desde hace más de mil años, el Tribunal de las Aguas se reúne todos los jueves a las 12.00 en el exterior de la Puerta de los Apóstoles de la catedral. Es la institución de justicia más antigua de Europa, y su cometido es dirimir las disputas por el agua de riego entre los agricultores. Cada uno de los ocho miembros del tribunal, ataviados con blusones negros, representa una de las acequias principales que riegan los fértiles campos de cultivo que rodean la ciudad. Los procesos son en valenciano y exclusivamente orales, y las multas se expresan en lliures, una extinta moneda local. En realidad, rara vez hay querellas y la cosa resulta más bien decepcionante.

### Capilla de San Francisco de Borja

El importante aristócrata Francisco de Borja cambió de vida tras la muerte de su esposa. Ingresó en la orden de los jesuitas; el cuadro del altar de esta capilla lateral describe ese momento. Las dos pinturas que lo flanquean son de Goya (1789) y muestran al duque despidiéndose de su familia al entrar en la vida religiosa y su intervención para salvar a un moribundo no confesado. Unos demonios acechantes, que prefiguran las pinturas negras de Goya, se ven frustrados en su intento de arrastrar al pecador a los infiernos.

### Museo

Además de la típica y algo ordinaria colección de tesoros e indumentarias eclesiásticas, contiene varios trípticos y cuadros interesantes del s. XV, algunos de ellos flamencos o de influencia flamenca.

### Capilla del Santo Cáliz

Esta cámara de bóveda estrellada, construida en el s. XIV para servir de sala capitular, es un espacio cuadrado que, al parecer, alberga nada menos que el supuesto Santo Grial, conservado dentro de un magnífico relicario de estilo gótico tardío. El retablo de alabastro que lo rodea es la antigua entrada del coro.

### El Grial

El cáliz en sí es un recipiente de ágata del s. I a.C., de modo que al menos la fecha es la correcta. Posee asas medievales y una historia interesante.

Los 12 relieves que lo rodean datan de principios del Renacimiento: el Antiguo Testamento abajo y el Nuevo Testamento arriba.

### El Miguelete

El **campanario** (plaza de la Reina; adultos/niños 2/1 €; ⏲10.00-19.30 lu-sa, 10.00-13.00 y 17.15-19.30 do) comenzó a edificarse en el s. XVII y es un emblema de la ciudad. Una escalera de caracol de 207 escalones conduce a unas vistas inigualables del casco histórico. Curiosamente, el perímetro y la altura miden exactamente lo mismo (51 m). Las 14 campanas repican para anunciar misas y bodas, pero antiguamente avisaban de los ataques de corsarios.

Comprender

**El Santo Grial**

¿Cómo terminó aquí el Grial? Muy fácil. San Pedro lo guardó tras la Última Cena y lo llevó a Roma. Los primeros papas lo fueron heredando, hasta que se lo confiaron a un soldado español para que lo pusiera a salvo en Aragón. Terminó custodiado por los templarios en un monasterio aragonés, pero más tarde fue requisado por un rey, trasladado a Zaragoza, luego a Barcelona y, por último, llevado a Valencia por Alfonso V. Más claro imposible.

# Principales puntos de interés

## Mercado Central

Lo maravilloso de este mercado, aparte de su llamativa arquitectura de principios del s. xx, es su cotidianeidad: aunque a escala más grande e impresionante, las hileras de puestos de carne, pescado y hortalizas son muy típicas de los mercados tradicionales de cualquier ciudad o barrio de España. No obstante, la calidad y la presentación son de altísimo nivel, y vale la pena ir aunque sea por admirar el espectáculo.

plano p. 46, B4

www.mercadocentralvalencia.es

Plaza del Mercado

7.30-15.00 lu-sa

## Indispensable

### Pescado
Para muchos, los mostradores más espectaculares son los de la sección de pescadería. Hay cefalópodos en abundancia y pescados de toda clase: es buen momento para aprender algo de vocabulario de restaurante. El Galet es un puesto clásico especializado en anguilas vivas.

### Charcutería
La profusión de embutidos y quesos proyecta una versión casi idealizada de España. Pueden cortarlos en lonchas y envasarlos al vacío en un momento, en paquetes tan finos que satisfarán a la aerolínea de bajo coste más exigente.

### Fruta y verdura
El tesoro de Valencia es su huerta, que rodea la ciudad y produce cosechas abundantes gracias al fértil suelo aluvial. Un vistazo a los hermosos tomates expuestos da una idea de lo bueno que es todo.

### Central Bar
La mejor forma de empaparse del ambiente del mercado después de recorrer los pasillos es sentarse con una copa de vino o una taza de café en la mano. Este bar de barra doble es elegante y prepara tapas sabrosas, aunque probablemente habrá que abrirse paso a empujones. El nombre engaña: está en el extremo oeste.

### Palanca
Esta carnicería centenaria es la reina indiscutible de su sección. Admírense los cortes de calidad superior de ternera y buey (en realidad, vaca de más edad) en el congelador abierto de al lado.



### ☑ Consejos

- Hay que ser considerado. Los tenderos no ganan nada con que los turistas miren su mercancía; si no se quiere comprar, se debe ceder el paso a los clientes y preguntar educadamente antes de hacer fotos.
- Se les puede pedir que envasen productos al vacío.

### Una pausa

El bar del mercado es ideal para sentarse y tomar un vino y una tapa mientras se observa la acción. Para almorzar, un buen sitio es el cercano **La Casa di Sophia** (p. 49).

# Principales puntos de interés
## La Lonja

Este espléndido edificio, declarado Patrimonio Mundial por la Unesco, es la antigua lonja de la seda y materias primas de Valencia. Data de finales del s. xv, época de gran prosperidad en la ciudad. Se trata de uno de los principales ejemplos del gótico civil en España y fue diseñada por el arquitecto Pere Compte cuando se hallaba en la cumbre de su profesión. Dos edificios principales flanquean un patio con cítricos.

plano p. 46, B3

962 08 41 53

www.valencia.es

Calle de la Lonja

adultos/niños 2/1 €, do gratis

9.30-19.00 lu-sa, 9.30-15.00 do

Sala de Contratación.

## Indispensable

### Audioguía
Acerca de La Lonja hay muy poca información impresa, así que la audioguía (3 €) es buena inversión. Ofrece datos sobre el exterior del edificio, que vale la pena examinar, quizá antes de visitar el interior.

### Puerta de los Pecados
El propósito de este pórtico era enviar un mensaje impactante a los mercaderes que entraban en la Sala de Contratación acerca de los peligros de las prácticas deshonestas. A algunas entidades financieras modernas tal vez les vendría bien algo por el estilo. La ancha puerta está decorada con zarcillos y figuras a ambos lados.

### Tallas curiosas
Las tallas de la puerta de los Pecados merecen un examen atento: el simbolismo no siempre es fácil de comprender, pero hay escenas muy cómicas. Se verán peleas bufonescas con bestias, ebriedad, lujuria, un águila mordisqueándole los bajos a alguien y dos hombres defecando en un cuenco sostenido por una mujer, quizá una representación de la fertilidad del ciclo de regeneración de la naturaleza.

### Sala de Contratación
Imponente y absolutamente magnífica, posee columnas helicoidales que suben 17 m hasta una bóveda estrellada, grandes ventanas góticas de intrincada tracería, parecidas a las de una iglesia, y una verdadera sensación de majestuosidad. Aquí se comerciaba con seda y lana y se realizaban transacciones bancarias: una auténtica catedral del comercio. Es de un estilo gótico que resultaba moderno y osado para la época. La inscripción



### ☑ Consejos

- Con frecuencia hay grupos de turistas, pero pasan muy rápido. Vale la pena esperar en el patio para disfrutar de las salas en relativo silencio.
- La Lonja es uno de los museos municipales incluidos en una entrada combinada (6 €) que sale a cuenta si se van a visitar otros.

### Una pausa

Si se va a última hora o en fin de semana, se puede tomar una cerveza artesana en **Tyris on Tap** (p. 52), que contrasta por su decoración moderna.

Las famosas sardinas de la **Tasca Ángel** (p. 51) están a la vuelta de la esquina.

que rodea la pared es motivadora: sugiere que una conducta mercantil honrada es un camino seguro al cielo. No hay que perderse la bonita puerta restaurada que lleva a una escalera de caracol.

### Consulado del Mar

El edificio principal enfrente de la entrada es donde se reunía un tribunal que trataba asuntos mercantiles marítimos. Es una estructura sólida coronada por merlones, bajo los cuales hay una magnífica logia renacentista, un friso con reyes y figuras mitológicas y escudos de Valencia. Contiene dos salas notables y, abajo, un espacio parecido a una cripta.

Comprender

**El *ratpenat***

Si se busca un animal que infunda respeto para colocarlo en un escudo de armas, normalmente se piensa en un león o un águila. Quizá se prefiera algo más original, pero ¿un murciélago? Pues allí está, en el escudo de Valencia: el *ratpenat* (murciélago en valenciano) es el símbolo de la ciudad. Aunque existen muchas leyendas sobre su llegada a tan noble posición, la explicación más probable es que fue evolucionando paulatinamente a partir de la *vibra*, una figura femenina de dragón habitual en la tradición y la mitología populares de esta zona del Mediterráneo.

### Planta baja

La cámara de la planta baja del Consulado del Mar destaca por el bello techo renacentista y los paneles de Jaime I, san Vicente Ferrer y un ángel de la guarda hechos con la técnica local del *socarrat*, en la que se aplica pigmento a un ladrillo seco recubierto de cal. Al entrar desde la Sala de Contratación, adviértase a mano derecha un impúdico capitel del diablo abusando de un animal con un fuelle.

### Sala Dorada

La planta superior del Consulado del Mar, detrás de la logia renacentista, se conoce como Sala Dorada debido a su característica principal, un noble artesonado (techo de madera ornamentado) traído del antiguo ayuntamiento. Se trata de una obra impresionante de principios del s. xv, dorada, policromada y casi sin clavos. Presenta escenas musicales y bélicas entre las vigas, profetas y escenas mitológicas en los soportes superiores y personas, flora y fauna en los inferiores.

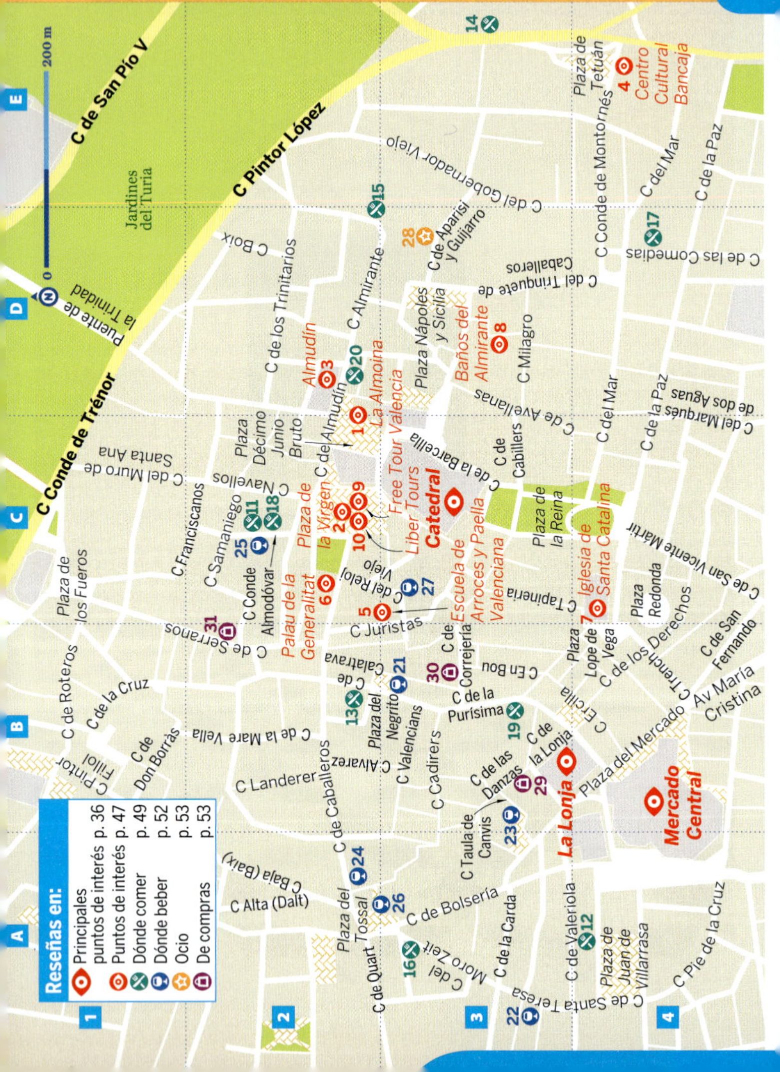
Reseñas en:
Principales puntos de interés p. 36
Puntos de interés p. 47
Dónde comer p. 49
Dónde beber p. 52
Ocio p. 53
De compras p. 53
0
200 m
A
B
C
D
E
1
2
3
4
C de San Pío V
Jardines del Turia
Puente de la Trinidad
C Pintor López
C Conde de Trénor
C del Muro de Santa Ana
Plaza de los Fueros
C de Roteros
C de la Cruz
C Pintor Fillol
C de Don Borràs
C de la Mare Vella
C Landerer
C Baja (Baix)
C Alta (Dalt)
C de Serranos
C Franciscanos
C Samaniego
C Conde Almodóvar
C Navellos
Plaza Décimo Junio Bruto
C Boix
C de los Trinitarios
C Almirante
C del Gobernador Viejo
C de Aparisi y Guijarro
Plaza Nápoles y Sicilia
C del Trinquete de Caballeros
C Milagro
C de Avellanas
C de la Barcella
C de Cabillers
Plaza de la Reina
Plaza de la Virgen
Palau de la Generalitat
C del Reloj Viejo
C Juristas
C de Calatrava
C de Caballeros
C Alvarez
Plaza del Negrito
C Valencians
C Cadirers
C de Correjería
C En Bou
C de la Purísima
C Tapinería
Plaza Lope de Vega
Plaza Redonda
C de San Vicente Mártir
C de los Derechos
C Trench
C de San Fernando
Av María Cristina
Plaza del Mercado
Mercado Central
La Lonja
C de la Lonja
C Ercilla
C de las Danzas
C Taula de Canvis
C de Bolsería
Plaza del Tossal
C de Quart
C del Moro Zeit
C de la Carda
C de Valeriola
C de Santa Teresa
Plaza de Juan de Villarrasa
C Pie de la Cruz
Catedral
Free Tour Valencia
Liber Tours
Escuela de Arroces y Paella Valenciana
Iglesia de Santa Catalina
Almudín
C de Almudín
La Almoina
Baños del Almirante
C del Mar
C de la Paz
C del Marqués de dos Aguas
C de las Comedias
C Conde de Montornés
Plaza de Tetuán
Centro Cultural Bancaja
1
2
3
4
5
6
7
8
9
10
11
12
13
14
15
16
17
18
19
20
21
22
23
24
25
26
27
28
29
30
31

ANASTASIA PETROVA / SHUTTERSTOCK ©

Fuente del río Turia, plaza de la Virgen.

# Puntos de interés

## La Almoina

RUINAS

1 plano p. 46, D2

Bajo la plaza al este de la catedral, los restos arqueológicos del núcleo romano, visigodo y árabe de Valencia relucen bajo un suelo de cristal cubierto de agua. Se puede bajar para contemplar las impresionantes excavaciones, mezcla evocadora de termas, edificios del foro y una factoría de época romana, además de fragmentos del alcázar árabe y un cementerio real. Otros restos corresponden al hospicio de pobres que se erigió posteriormente en la plaza. La audioguía resulta útil para comprender mejor lo que se ve. (963 08 41 73; www.valencia.es; plaza Décimo Junio Bruto; adultos/niños 2/1 €, do gratis; 9.30-19.00 lu-sa, 9.30-15.00 do)

## Plaza de la Virgen

PLAZA

2 plano p. 46, C2

Esta ajetreada plaza, rodeada de cafés y edificios públicos imponentes, fue el foro de la Valencia romana. La figura reclinada de la fuente central representa el río Turia, y las ocho jóvenes con cántaros de los que mana agua simbolizan los canales de riego que fluyen de él.

## Almudín
EDIFICIO HISTÓRICO

3 plano p. 46, D2

Este edificio del s. XV era en su origen el granero de la ciudad, donde se almacenaba trigo traído de los campos cercanos. Unas inscripciones en lo alto de los muros interiores indican el nivel alcanzado por el grano cada año y dónde se había cosechado. La elevada sala con arcos se usa hoy para exposiciones de arte. (Calle de Almudín; adultos/niños 2/1 €, gratis do; 9.30-14.00 y 15.00-19.00 ma-sa, 9.30-15.00 do)

## Centro Cultural Bancaja
CENTRO ARTÍSTICO

4 plano p. 46, E4

Las exposiciones temporales de arte de gran calidad, a veces de artistas internacionales importantes, son la principal oferta de este centro propiedad de un banco, que también acoge otros eventos culturales. (960 64 58 40; www.fundacionbancaja.es; plaza de Tetuán 23; gratis; 10.00-14.00 y 17.00-21.00 lu-sa, 10.00-14.00 do)

## Escuela de Arroces y Paella Valenciana
CURSOS DE COCINA

5 plano p. 46, C3

Una vez se sabe cómo, cocinar paella no es tan intimidante como podría parecer. Se empieza con una visita al mercado, se aprende a preparar un arroz típico en la cocina de un restaurante y por último se come, por supuesto. Es divertido y se conoce gente. (963 15 38 56; www.escueladearrocesypaellas.com; calle Juristas 12; 50-55 €)

## Palau de la Generalitat
PALACIO

6 plano p. 46, C2

Este bello palacio gótico (s. XV), muy reformado a lo largo de los años, es la sede del Gobierno autonómico de Valencia. Su simetría es reciente: solo una de las torres renacentistas es original, la otra se añadió en la década de 1950. (Plaza de la Virgen)

## Iglesia de Santa Catalina
IGLESIA

7 plano p. 46, C4

Resultó gravemente dañada en la Guerra Civil, y el interior es austero e imponente. Queda empequeñecida por el llamativo campanario hexagonal barroco (s. XVII), que es una de las imágenes más conocidas de Valencia y compite con el Miguelete (campanario de la catedral) por ser el símbolo de la ciudad. (Plaza Lope de Vega; gratis; 10.30-13.30 y 17.30-19.30 lu-sa, más misas)

## Baños del Almirante
EDIFICIO HISTÓRICO

8 plano p. 46, D3

De estilo árabe, se construyeron en 1313 y funcionaron sin interrupción como baños públicos hasta 1959. Unos cubos colocados estratégicamente y unos sonidos de agua grabados añaden algo de ambiente, pero haría falta más información. (Calle Baños del

Almirante 3-5; adultos/niños 2/1 €, do gratis; 11.00-14.00 ma-do)

### Free Tour Valencia
CIRCUITO A PIE

9 plano p. 46, C2

Circuitos a pie en varios idiomas con salida desde la plaza de la Virgen. Se paga lo que se considere que vale el servicio. El circuito de las 10.30 recorre los principales puntos de interés, sin entrar en ellos. El de la tarde abarca varios lugares secundarios interesantes. (961 11 29 01; http://freetourvalencia.com; plaza de la Virgen; con donativo)

### Liber Tours
CIRCUITO A PIE

10 plano p. 46, C2

Recomendados circuitos a pie por el centro; salen de la plaza de la Virgen y duran 2¼ h. Los hay en inglés, italiano (16.30) y español (y otros idiomas previa reserva). (978 11 88 88; www.libertours.com; plaza de la Virgen; adultos/niños 17/8 €; 10.30 lu-sa)

## Dónde comer

### Delicat
TAPAS €€

11 plano p. 46, C2

Muy acogedor e íntimo, ofrece un menú degustación para almorzar de cinco platos a precio imbatible, y un surtido de tapas innovadoras para compartir a cualquier hora. Las influencias son variadas y la decoración no es lujosa, pero la comida es memorable. (963 92 33 57; calle Conde Almodóvar 4; ppales. 10-15 €; 13.45-15.30 y 20.45-0.30 ma-sa, 13.45-15.30 do; )

### La Casa di Sophia
ITALIANA, ESPAÑOLA €€

12 plano p. 46, A4

El mobiliario *retro* crea un ambiente confortable a la altura de la excelente comida, preparada de forma saludable. Se nota que hay alma detrás de los platos de pasta, las ensaladas y la breve oferta de carne y pescado; el menú del día puede extenderse para crear una experiencia tipo degustación. Hay muchas opciones vegetarianas sabrosas. Tiene terraza. (963 11 34 12; http://lacasadisophia.es; plaza de Juan de Villarrasa 6; platos 8-16 €; 20.30-24.00 ma, 13.30-16.00 y 20.30-24.00 mi-sa, 13.30-16.00 do; )

Vida local

**La patrona de la ciudad**

La **Real Basílica de Nuestra Señora de los Santos Inocentes Mártires y Desamparados** (plano p. 46, C2; www.basilicadesamparados.org; plaza de la Virgen; gratis; 7.30-14.00 y 16.30-21.00), pues tal es su nombre completo, es el foco del cristianismo activo en Valencia. Unos sacerdotes sudamericanos celebran misas casi sin interrupción para los ancianos feligreses, y hay un puesto de pago para misas dedicadas. Preside el templo una imagen muy venerada de la Virgen de los Desamparados, patrona de Valencia. Por su pose ligeramente inclinada, se la conoce cariñosamente como La Jorobadita.

## La Salvaora ESPAÑOLA €€

13 plano p. 46, B2

Refinado y elegante, pero no caro, es un local íntimo decorado con retratos en blanco y negro de estrellas del flamenco. A primera vista, la carta de clásicos españoles suena familiar (carrillera de ternera, rabo de toro, jamón, croquetas...), pero la presentación moderna y la exquisita calidad pronto demuestran que no se trata de una tasca cualquiera. El precio es excepcional para la calidad; el menú degustación de tapas (24 €) es una ganga. (963 92 14 84; www.lasalvaora.com; calle de Calatrava 19; ppales. 13-19 €; 13.30-15.30 y 20.30-23.30 ju-lu, 13.30-15.30 ma y mi)

## Lienzo GASTRONÓMICA €€€

14 plano p. 46, E3

Un comedor elegantemente decorado en blanco y gris, justo bajo el nivel de la calle. Hacen maravillas con el pescado y el marisco en particular. Se aconsejan los menús degustación de tapas, que tienen una calidad uniforme. (963 52 10 81; www.restaurantelienzo.com; plaza de Tetuán 18; tapas 5-15 €, menú degustación 27-55 €; 13.30-16.00 y 20.30-23.00 lu-sa, 13.30-16.00 do)

## Alma del Temple MEDITERRÁNEA €€€

15 plano p. 46, D2

El diseño moderno se funde con las viejas murallas árabes en este llamativo espacio, perteneciente al **Caro Hotel** (www.carohotel.com). La cocina es moderna, con presentaciones excelentes y sabores sorprendentemente intensos. Decididamente, hay que optar por los menús degustación. (963 15 52 87; www.almadeltemple.com; calle Almirante 14; ppales. 18-22 €, menú degustación 50-70 €; 13.30-15.30 y 20.30-22.30; )

## La Pilareta TAPAS €

16 plano p. 46, A3

Apenas ha cambiado en un siglo y es fantástico para tomar tapas sustanciosas y clóchinas (mejillones valencianos, pequeños y jugosos), disponibles de mayo a agosto. El resto del año sirven mejillones, más grandes pero menos sabrosos. Mucho ambiente. (Bar Pilar; 963 91 04 97; www.barlapilareta.es; calle del Moro Zeit 13; mejillones 6,95 €; 12.00-24.00)

## Cinnamon FUSIÓN €€

17 plano p. 46, D4

Salen maravillas de esta diminuta cocina repleta de sabor y frescura. Entre los creativos platos se incluye la ensalada crujiente de la casa de manzana verde y jabalí, y hay buenas opciones vegetarianas. (963 15 48 90; calle de las Comedias 5; platos 7-18 €; 13.30-16.30 y 20.00-23.30 ma-vi, 20.00-23.30 sa, 13.00-15.30 lu; )

Una terraza en la plaza del Negrito.

## Seu Xerea

FUSIÓN €€€

18 plano p. 46, C2

Dos bonitos y sobrios comedores y un servicio atento crean un buen marco para degustar cocina de fusión inventiva y de alta calidad, que combina platos clásicos españoles con toques del sureste asiático. Ofrece una lista de vinos variada, así como menús degustación y de tapas. (963 92 40 00; www.seuxerea.com; calle Conde Almodóvar 4; ppales. 18-26 €; 13.30-15.30 y 20.30-23.30 ma-sa)

## Tasca Ángel

TAPAS €

19 plano p. 46, B3

Un local sin complicaciones que lleva abierto 70 años. Es famoso por las tapas de pescado, pero sobre todo por las sardinas a la plancha, que son deliciosas. Lo mejor es acompañarlas con una cerveza fría o un vino blanco. (963 91 78 35; calle de la Purísima 1; sardinas 4 €; 10.30-15.00 y 19.30-23.30 lu-sa, 11.30-15.00 do)

## Bar Almudín

TAPAS €€

20 plano p. 46, D2

Este acogedor local combina productos frescos de la huerta valenciana y conservas para producir tapas estupendas. Se recomienda la deliciosa escalivada (hortalizas asadas y frías). El menú degustación de tapas sale muy a cuenta (16 €). Sirven una variedad especialmente buena de vermuts.

(Calle de Almudín 14; tapas 5-12 €; 13.00-16.00 y 19.00-23.00 mi-lu; )

## Dónde beber

### Café Negrito

BAR

21 plano p. 46, B3

Es casi una leyenda local; ha sido reformado en años recientes y el interior es bastante bonito. Su personalidad no ha cambiado: predomina una clientela intelectual, de izquierdas y con conciencia social, y hay exposiciones de arte que suelen centrarse en el desarrollo sostenible o las ONG. La terraza es fantástica para pasar la tarde. (Plaza del Negrito; 16.00-3.00; )

### Radio City

CLUB

22 plano p. 46, A3

Es casi tanto un minicentro cultural como un club. Se llena a partir de la 1.00 aprox., y atrae a la gente con actividades como intercambio de idiomas y DJ o música en directo todas las noches. Hay desde flamenco (martes) hasta *reggae* y *funk*, y el público es ecléctico y entregado. (www.radiocityvalencia.es; calle de Santa Teresa 19; 22.30-3.30, desde 20.30 ju y vi)

### Tyris on Tap

MICROCERVECERÍA

23 plano p. 46, B3

El ladrillo industrial pintado de blanco, las lámparas colgantes y la decoración sencilla le dan un aire de almacén chic. Es el punto de venta de una fábrica de cerveza valenciana, y de los 10 grifos emanan sabrosas cervezas artesanas (media pinta/pinta 3/5 €). Hay una terraza fantástica y comida de bar. (961 13 28 73; www.cervezatyris.com; calle Taula de Canvis 6; 18.00-1.00 o 1.30 ma-do; )

### Sant Jaume

BAR, CAFÉ

24 plano p. 46, A2

Este diminuto bar, una antigua farmacia, es frecuentado por personajes locales. Resulta una parada ideal para un café o una cerveza a cualquier hora; también preparan muy buena el agua de Valencia (cóctel de cava y zumo de naranja). La terraza es estupenda para observar a la gente. (Calle de Caballeros 51; 6.30-1.30; )

### Café de las Horas

BAR

25 plano p. 46, C2

Mucho barroquismo, tapices, música de todos los géneros, candelabros, ramos de flores y una larga lista de cócteles exóticos. Los domingos organizan *brunches* temáticos (11.00-16.00). El servicio podría mejorar, pero siempre es un sitio interesante donde parar, sea para un café o una copa. (www.cafedelashoras.com; calle Conde Almodóvar 1; 10.00-2.00; )

### Café Infanta

CAFÉ, BAR

26 plano p. 46, A3

Tiene un interior acogedor a nivel más bajo que la calle. La terraza es una de las más populares del barrio. Está muy bien para beber algo, aunque el servicio anda algo despistado.

También sirven comida, pero no es destacable. (Plaza del Tossal 3; 17.00-2.30; )

### Calcatta

CLUB

27 plano p. 46, C3

Esta discoteca ocupa un palacio del s. XVII muy céntrico, pero no siempre fácil de encontrar. Los elementos arquitectónicos antiguos ofrecen un contraste agradable con la poco original música, pensada para agradar al público más que para crear un estilo personal. (www.calcatta.es; calle del Reloj Viejo 4; 24.00-4.00 ju-sa)

## Ocio

### Espacio Inestable

DANZA

28 plano p. 46, D3

Este espacio vanguardista presenta espectáculos innovadores de movimiento y danza, a veces de calidad extraordinaria. Es un punto de referencia importante en el panorama cultural alternativo de Valencia. En la web puede consultarse la programación, que generalmente tiene lugar el fin de semana, incluidos jueves y domingos por la noche. (963 91 95 50; www.espacioinestable.com; calle de Aparisi y Guijarro 7; entradas 10 €; 20.00 ju-do)

## De compras

### Madame Bugalú

ROPA, ACCESORIOS

29 plano p. 46, B3

"Madame Bugalú y su caniche asesino", para dar el nombre completo, es elegante y más bien cara para tratarse de España. Ofrece moda femenina, bolsos, pendientes, etc., de estilo moderno y desenfadado. La cercana Bugalú, para hombre, es menos atrevida en comparación. (www.facebook.com/bugaluvalencia; calle de las Danzas 3; 10.00-14.00 y 17.00-20.30 lu-sa)

### Bodegas Baviera

VINO

30 plano p. 46, B3

Este excelente comercio vende vino de todo el país a precios razonables, así como algunos licores interesantes, aceite de oliva y jerez. El propietario-músico, Vicente, lleva décadas en el negocio y es todo un personaje. (963 91 80 60; http://bodegasbaviera.es; calle de Correjería 40; 10.00-14.00 y 17.00-20.00 lu-sa, 10.00-14.00 do)

### Envinarte

VINO, ROPA

31 plano p. 46, B2

Una escena poco habitual: percheros con ropa masculina de alta calidad entre un pequeño pero bien seleccionado surtido de vinos españoles e internacionales, presentado de forma muy bonita. Un local pequeño y encantador. (963 91 39 30; www.envinarte.es; calle de Serranos 6; 10.30-14.30 y 17.30-21.00 lu-vi, 10.30-14.30 y 16.00-21.00 sa)

Explorar

# Barrio del Carmen

El rincón noroeste del casco viejo es el barrio más antiguo de Valencia, y ofrece un ambiente local bohemio y varios museos interesantes. El Carme, como se conoce en valenciano, es un rico territorio gastronómico, con numerosos bares y restaurantes que descubrir en las estrechas y laberínticas calles medievales.

# Lo mejor en un día

El barrio del Carmen está delimitado al norte y al oeste por dos magníficas puertas supervivientes de la muralla de la ciudad. Las **Torres de Quart** (p. 57) brindan vistas estupendas. Cerca hay dos museos importantes. El **Institut Valencià d'Art Modern** (p. 57) es la principal galería de arte contemporáneo de la ciudad; a la vuelta de la esquina, La Beneficència alberga el anticuado **Museo de Prehistoria** (p. 58) y el contiguo y modernizado **Museo de Etnología** (p. 58).

**Refugio** (p. 59), escondido en el centro del barrio, es fantástico para almorzar. Después se puede explorar la zona dando un paseo. Una serie de placitas, centradas en iglesias y en el mercado local y conectadas por callejas tortuosas, conforman el corazón espiritual del barrio. Se puede ver qué hay en el **Centro del Carmen** (p. 58) y tomar un café en el bohemio **Café Museu** (p. 62).

Puede darse un paseo por la calle Caballeros, la más antigua de Valencia, y entrar en **L'Iber** (p. 58) para ver los soldaditos de plomo. Se pueden cenar tapas en **El Tap** (p. 59) o **Mattilda** (p. 60) y disfrutar del *jazz* en **Jimmy Glass** (p. 61).

## Lo mejor

### Dónde comer

Refugio (p. 59)

El Tap (p. 59)

La Lluna (p. 60)

La Tastaolletes (p. 60)

### Museos y galerías

Institut Valencià d'Art Modern (p. 57)

Museo de Etnología (p. 58)

Centro del Carmen (p. 58)

L'Iber (p. 58)

### Bares y clubes

Jimmy Glass (p. 61)

Café Museu (p. 62)

Café Tertulia (p. 61)

## Cómo llegar

**A pie** Es la mejor forma de entrar al barrio, prácticamente peatonal.

**Autobús** Los que circulan a lo largo del Turia paran en el extremo del barrio. El nº 5B circula por los extremos este y sur.

**Automóvil** En caso de alojarse en el barrio, se puede acceder con un vehículo.

Reseñas en:
Puntos de interés p. 57
Dónde comer p. 59
Dónde beber p. 61
De compras p. 62
200 m
Jardines del Turia
Puente de San José
Puente de Serranos
Pont de Fusta
Puente de las Artes
Paseo de la Pechina
C de Blanquerías
C Conde de Trénor
Torres de Serranos 3
Plaza de los Fueros
Centro del Carmen 5
Institut Valencià d'Art Modern 2
Museo de Etnología 4
Museo de Prehistoria 7
Torres de Quart 1
L'Iber 6
C de Salvador Giner
C del Museo
C de Padre Huérfanos
C de Roteros
C Roda
C de la Cruz
C Pintor Fillol
Plaza del Árbol
C de Don Borràs
Plaza del Carmen
C Mirto
C de Santo Tomás
C Raga
C Baja (Baix)
C Alta (Dalt)
C de Liria
C Na Jordana
C del Dr Chiarri
C Ripalda
C de San Ramón
C de Corona
C Beneficencia
Plaza de Mosén Sorell
C Dr Beltrán Bigorra
Plaza Vicente Iborra
C del Pintor Zariñena
C de Pinzón
C de Quart
C de Guillem de Castro
Plaza del Músico López Chavarri
Plaza del Tossal
C de Bolsería
C del Moro Zeit
C Landerer
C Alvarez
C de Caballeros
C de la Mare Vella
C de Calatrava
C Valencians
C Cadirers
C Juristas
C Cocinas
C de Serranos
C Franciscanos
C Samaniego
C Conde Almodóvar
C Navellos
C del Muro de Santa Ana
C de Almudín
Plaza de la Virgen
Plaza Décimo Junio Bruto

IMAGE COURTESY OF IVAM INSTITUT VALENCIÀ D'ART MODERN ©

Obras expuestas en el Institut Valencià d'Art Modern.

# Puntos de interés

## Torres de Quart

PUERTA

1 plano p. 56, A4

Esta puerta de la antigua muralla es la más magnífica de España, y constituye todo un espectáculo vista desde la ciudad nueva. Se puede subir a lo alto de la estructura del s. xv, que mira hacia Madrid y el sol poniente. Arriba, se verán marcas causadas por los cañonazos franceses durante la invasión napoleónica del s. XIX. (Calle de Guillem de Castro; adultos/niños 2/1 €, do gratis; 10.00-18.00 o 19.00 ma-sa, 10.00-15.00 do)

## Institut Valencià d'Art Modern

GALERÍA

2 plano p. 56, A2

Organiza excelentes exposiciones temporales y posee una colección pequeña, pero impresionante, de arte español del s. xx. La exposición más permanente es la colección de Julio González, un escultor catalán (1876-1942) que vivió en París y produjo obras exquisitas de hierro que influyeron en artistas posteriores como David Smith y Eduardo Chillida. (IVAM; www.ivam.es; calle de Guillem de Castro 118; adultos/niños 2/1 €, do gratis; 11.00-19.30 ma-do sep-may, 12.00-20.30 ma-do jun-ago)

### Torres de Serranos PUERTA

3 plano p. 56, D2

Esta imponente puerta del s. XIV da al antiguo cauce del Turia y, en otro tiempo, fue la salida principal hacia Barcelona y el norte. Es, junto con las Torres de Quart, el único vestigio de las murallas de Valencia. Desde lo alto se ve el barrio del Carmen y el lecho del río. (Plaza de los Fueros; adultos/niños 2/1 €, do gratis; 9.30-19.00 lu-sa, 9.30-15.00 do)

### Museo de Etnología MUSEO

4 plano p. 56, A3

Luce un aspecto moderno y elegante tras la reforma a la que ha sido sometido, lo cual se agradece después del excesivamente didáctico museo arqueológico con el que comparte recinto, en el centro cultural La Beneficència. Las típicas fotos en blanco y negro y la reproducción de un taller textil dan paso a una exposición conceptual muy visual e ingeniosa. (www.labeneficencia.es; calle de Corona 36; con el Museo de Prehistoria 2 €, fines de semana gratis; 10.00-20.00 ma-do)

Consejo

**La doble vida del Carmen**

Hay que intentar visitar el barrio dos veces: una entre semana, para ver las calles tranquilas con vecinos ocupándose de sus cosas, y otra un fin de semana por la noche, cuando se llena de valencianos que salen a cenar o tomar una copa.

### Centro del Carmen CENTRO CULTURAL

5 plano p. 56, C2

Se encuentra detrás de la iglesia de la emblemática plaza del Carmen, en el bonito claustro gótico y las habitaciones de un antiguo monasterio. Está dedicado a exposiciones temporales, normalmente varias a la vez. Si solo se quiere pasear por el claustro o hacer una foto, quizá dejen pasar gratis si se les intenta convencer. (961 92 26 40; www.consorciomuseos.gva.es; calle del Museo 2; adultos/niños 2/1 €; 11.00-19.00 ma-do oct-med jun, 11.00-14.00 y 17.00-20.00 ma-do med jun-sep)

### L'Iber MUSEO

6 plano p. 56, C4

Asegura poseer la mayor colección de soldaditos de plomo del mundo, con más de 85 000 piezas. La maqueta de 4,7 x 2,8 m de la batalla de Almansa (1707) tiene 9000 combatientes, y las vitrinas están repletas de batallones y regimientos de soldados de juguete. (Museo de Soldaditos de Plomo; www.museoliber.org; calle de Caballeros 22; adultos/menores 27 años 5/3 €; 11.00-14.00 y 16.00-19.00 mi-do sep-jun, 10.00-14.00 y 15.00-20.00 todos los días jul y ago)

### Museo de Prehistoria MUSEO

7 plano p. 56, A3

Sin duda necesita de una modernización, ya que resulta demasiado exhaustivo. Contiene piezas excelentes y mucha información interesante, pero hay que seleccionar lo que se quiere ver para no abrumarse con tantas herramientas de sílex y fragmentos de cerámica. No se deja piedra ni hueso por mover; es especialmente completo en cuanto a arte rupestre y cultura ibera prerromana. La información está en valenciano y castellano. Forma parte del centro cultural La Beneficència. (www.labeneficencia.es; calle de Corona 36; con el Museo de Etnología 2 €, fines de semana gratis; 10.00-20.00 ma-do)

## Dónde comer

### Refugio

FUSIÓN €€

8 plano p. 56, C3

Llamado así por el búnker de la Guerra Civil situado enfrente, tiene una decoración sencilla y conserva algo del antiguo espíritu revolucionario del barrio. La excelente cocina de fusión mediterránea se presenta en menús del día de sorprendente calidad: algunos platos son magníficos, aunque los vegetarianos no siempre son tan sabrosos. Las cenas son innovadoras y de alta calidad. (690 61 70 18; www.refugiorestaurante.com; calle Alta 42; ppales. 14-22 €, menú 12-15 €; 14.00-16.00 y 21.00-24.00; )

### El Tap

TAPAS, VALENCIANA €€

9 plano p. 56, D2

Forma parte de la rica serie de restaurantes pequeños y con personalidad del barrio del Carmen. Las originales tapas se preparan de maravilla, y ofrece una cuidada selección de vinos y cervezas artesanas. Excelente relación calidad-precio. (963 91 26 27; www.restaurantevalenciaeltap.es; calle de Roteros 9; ppales. 10-18 €; 13.30-16.00 y 19.30-23.30 ma-sa, 13.30-16.00 do; )

### Yuso

VALENCIANA €€

10 plano p. 56, D2

Oculto en el Carmen, ofrece deliciosa cocina valenciana casera a muy buen precio. Cuenta con una clientela fiel que acude todos los fines de semana. Los diversos menús son baratos y deliciosos; los arroces secos y caldosos y las *fideuás* son suculentos. (963 15 39 67; www.restauranteyuso.es; calle de la Cruz

Vida local

### La procesión del Corpus Christi

Se celebró por primera vez en Valencia en 1355. El **Museo del Corpus** (plano p. 56, D2; Casa de las Rocas; calle de Roteros 3; gratis; 9.30-14.00 y 15.00-19.00 ma-sa, 9.30-15.00 do) es el lugar indicado para investigarla. Tras unas altas puertas descansan las Rocas, enormes carros que se sacan para celebrar la festividad, con la pintura oscurecida por los años. La más antigua data del s. XVI. Arriba se exhiben los fantasiosos trajes y accesorios usados en la procesión.

4; ppales. 10-15 €; 13.00-17.00 y 20.30-1.00 vi y sa, 13.00-17.00 do; )

## Mattilda

FUSIÓN €€

11 plano p. 56, D2

La decoración es estilosa, moderna y sin pretensiones, igual que Francisco Borrell y su joven equipo, que ofrecen un servicio atento, una carta imaginativa y un menú del día que sale particularmente a cuenta. Raciones pequeñas pero sabrosas. (963 92 31 68; calle de Roteros 21; menú 15 €, ppales. 12-18 €; 14.00-16.00 lu y ma, 14.00-16.00 y 21.00-23.45 mi-sa; )

Consejo

### Escena gastronómica del Carmen

El Carmen es uno de los mejores lugares de Valencia para comer. Hay multitud de restaurantes, desde locales tradicionales que preparan calamares a la plancha hasta sitios de tapas *gourmet;* siempre hay una comida sustanciosa a la vuelta de la esquina. La calle de Roteros es buen sitio para empezar a mirar menús del día. También hay muchas opciones para vegetarianos.

Aunque el barrio está lleno de restaurantes interesantes e innovadores, es más probable encontrar vecinos de toda la vida en las sencillas tascas que también salpican las calles.

## La Tastaolletes

VEGETARIANA €

12 plano p. 56, C1

Es agradablemente informal y ofrece un surtido creativo de tapas y platos vegetarianos, comida rica y saludable con ingredientes de primera calidad. Las ensaladas son grandes y los postres son de ensueño (se aconseja la tarta de queso con fruta en compota). El menú de mediodía cuesta 12 €. (963 92 18 62; www.latastaolletes.es; calle de Salvador Giner 6; ppales. 8-12 €; 13.30-16.00 y 20.30-23.30 ma-sa, 13.30-16.00 do; )

## La Lluna

VEGETARIANA €

13 plano p. 56, B3

Acogedor y con clientela habitual, lleva más de 30 años sirviendo comida vegetariana de calidad a precios razonables (incluido un menú de mediodía de cuatro platos por solo 8 €). El menú del día puede consultarse en su página de Facebook. (www.facebook.com/restaurantelalluna; calle de San Ramón 23; ppales. 5-8 €; 9.00-16.30 y 20.00-24.00 lu-sa; )

## Taberna El Olivo

TAPAS €

14 plano p. 56, C2

Está en la intersección de varias calles, así que se encontrará tarde o temprano, incluso en este laberinto. Es un local diminuto con una terraza atractiva en torno al olivo que le da nombre. La variada oferta de tapas tradicionales, escrita en pizarras, incluye opciones como chipirones o riñones a la plancha, todo cocinado en

GREG ELMS / GETTY IMAGES ©

El barrio del Carmen por la noche.

el momento. Buena comida de barrio. (www.tabernaelolivo.com; plaza del Árbol 4; tapas 7-9 €; 12.00-16.00 y 19.00-24.00 ju-ma; )

# Dónde beber

## Jimmy Glass

BAR

15 plano p. 56, C3

Suena *jazz* de la vasta colección de CD del propietario y a veces hay actuaciones en directo. Es como debe ser un bar de *jazz:* oscuro y con cócteles grandes de alto voltaje. (www.jimmyglassjazz.net; calle Baja 28; 20.00-2.30 lu-ju, 21.00-3.30 vi y sa; )

## Café Tertulia

CAFÉ

16 plano p. 56, C3

Un bonito café histórico con ladrillo visto, dividido en tres niveles pequeños. Se ha reinventado ligeramente añadiendo un bar de ginebra abajo. El café es fuerte y uno de los mejores del barrio. (600 02 92 01; calle Alta 4; 7.00-1.30 lu-vi, 8.00-1.30 sa, 8.30-1.30 do; )

## Trapezzio

BAR, GAY

17 plano p. 56, B4

Café-bar sólidamente establecido en una plaza típicamente desaliñada del Carmen. Tiene una clientela bohemia y muy variada y es un elemento importante en el ambiente gay. La terraza es estupenda para relajarse y tomar algo. (963 91 50 27; www.facebook.com/trapezzio; plaza del Músico López Chavarri 2; 9.00-2.00 lu-vi, 18.00-2.00 sa y do; )

### Bigornia

BAR

18 plano p. 56, C2

Un local íntimo, de esos que tan bien se le dan a Valencia. Cobra vida de noche con una banda sonora de *jazz*, ambiente de barrio y actos culturales.

Vida local

### Café Museu

Verdadero foro de los bohemios del Carmen, el **Café Museu** (plano p. 56, C2; calle del Museo 7; 9.00-24.00 lu-ju, 9.00-1.30 vi, 11.00-1.30 sa, 11.00-23.00 do; ) es un popular garito con un impresionante programa cultural que incluye sesiones de conversación inglés/español, música en directo, teatro, etc. La terraza es un sitio habitual para tomarse unas cervezas. Hay *jam sessions* semanales de *jazz* y *funk*. Café bueno y barato. (Calle del Museo 10; 12.00-3.30 lu-sa, 12.00-23.00 do med sep-may, desde 18.00 jun-med sep; )

## De compras

### Chic Market

ROPA

19 plano p. 56, C4

Este interesante espacio cuenta con algunos puestos que venden ropa (incluidas algunas prendas *vintage*), accesorios y curiosidades. (www.facebook.com/chicmarketvalencia; calle de Caballeros 36; 11.00-21.00 do-ju, 11.00-1.00 vi y sa)

### Luna Nera

ROPA, ACCESORIOS

20 plano p. 56, D4

Esta bonita y original tienda vende ropa y accesorios para mujer de estilo *vintage* y alternativo. Siempre hay alguna novedad interesante y los precios son razonables. (www.facebook.com/lunaneravalencia; calle de Caballeros 16; 10.30-14.30 y 17.00-22.00)

Comprender

## La lengua valenciana

Valencia y su región tienen dos lenguas oficiales: el español o castellano y el valenciano. Casi todo el mundo habla castellano con fluidez, y un número creciente de valencianos –en especial los jóvenes, que lo han estudiado como asignatura obligatoria en la escuela– también se manejan cómodamente en el idioma regional.

Aunque a muchos valencianos no les gusta verlo así, según los lingüistas y para lo que interesa a los viajeros, la lengua regional es una variedad del catalán, idioma compartido con Cataluña y con muchos hablantes de Andorra y las islas Baleares. Pero la dimensión lingüística es solo una entre muchas, y el idioma siempre es un tema sensible. Para ciertos segmentos del espectro político, el valenciano es una lengua aparte con sus propias reglas, gramática y literatura. Otros, por el contrario, se contentan con considerarlo un dialecto del catalán, en pie de igualdad con él. Muchos valencianos sostienen opiniones firmes acerca del papel de su lengua y de las relaciones de la región con Cataluña y con el Gobierno central. Salvo que se tenga confianza con la persona con la que se está hablando, quizá lo mejor sea limitarse a asentir comprensivamente. El tema de la posible independencia de Cataluña torna aún más peliaguda la cuestión.

Los visitantes no necesitan dominar el valenciano, aunque puede ser bien recibido. No obstante, es importante ser consciente de él, ya que los ayuntamientos van sustituyendo los nombres castellanos de las calles por sus equivalentes en valenciano/catalán y, más tarde, sus sucesores los modifican de nuevo. El resultado es un tanto caótico: algunas calles tienen un nombre distinto en cada extremo y, aunque la diferencia entre ambos suele ser mínima, puede resultar confuso para los forasteros. En esta guía, a veces se emplea la forma valenciana cuando es la dominante o la oficial, caso de lugares como Russafa (Ruzafa). Sin embargo, como el castellano es la versión usada por la mayoría, nos hemos ceñido a ella en la mayor parte de los casos; aunque al moverse por la ciudad, hay que estar preparado y ser flexible.

Explorar

# L'Eixample y sur de Valencia

L'Eixample (el Ensanche) se construyó cuando la vieja ciudad amurallada empezó a quedarse demasiado pequeña. Diseñado en el s. XIX, es una zona de calles elegantes y anchas avenidas repletas de restaurantes y tiendas de lujo. Al sur, en el cauce seco del Turia, se encuentran los espectaculares edificios de la Ciudad de las Artes y las Ciencias, uno de los principales reclamos de Valencia.

## Lo mejor en un día

Se va en transporte público hasta la **Ciudad de las Artes y las Ciencias** (p. 66) para visitar sus edificios principales, como el acuarlo **Oceanogràfic** (p. 71). Se podría pasar fácilmente el día entero allí, dependiendo del interés que despierte.

Si solo se pasa allí la mañana, se puede regresar paseando hacia el centro y, por el camino, parar en el **Museo Fallero** (p. 72) para conocer la fiesta mayor de la ciudad. La calle del Doctor Císcar tiene muchos bares y restaurantes para almorzar. El **Racó del Turia** (p. 72) sirve buena comida valenciana tradicional.

La Gran Vía del Marqués del Turia divide en dos la principal zona comercial y gastronómica de L'Eixample. Al norte, en el llamativo **Mercado de Colón** (foto izda.; p. 71) hay cafés y restaurantes en el centro de una zona de *boutiques* de lujo, ideal para pasar la tarde antes de ir a **Sedici** (p. 74) a terminar la noche con tranquilidad.

### Principales puntos de interés

Ciudad de las Artes y las Ciencias (p. 66)

### Lo mejor

**Para niños**

Oceanogràfic (p. 71)

Museo de las Ciencias Príncipe Felipe (p. 67)

Hemisfèric (p. 67)

**Dónde comer**

La Gallineta (p. 72)

Naturé (p. 73)

**Bares y clubes**

Aquarium (p. 73)

L'Umbracle Terraza (p. 73)

Las Ánimas (p. 74)

Mercado de Colón (p. 74)

### Cómo llegar

**Autobús** El nº 35 llega a la Ciudad de las Artes desde la Gran Vía del Marqués del Turia.

**Metro** La estación de Colón es la más cercana a la zona comercial.

**A pie** La parte norte de L'Eixample está bastante cerca del casco antiguo, pero la Ciudad de las Artes y las Ciencias está a 3 km del centro.

## Principales puntos de interés
# Ciudad de las Artes y las Ciencias

Estéticamente impresionante, la Ciudad de las Artes y las Ciencias ocupa una enorme área de 350 000 m² en el antiguo cauce del Turia. En su mayor parte es obra del arquitecto valenciano de fama mundial Santiago Calatrava, figura controvertida para muchos valencianos, que se quejan de los costes y de varios fallos de diseño que han necesitado de importantes reparaciones. Sin embargo, cuando uno no lo ha sufragado con sus impuestos, el lugar resulta impresionante y es ideal para las familias.

Ciudad de las Artes y las Ciencias

plano p. 70, B2

902 10 00 31

www.cac.es

Palau de les Arts Reina Sofía.

## Indispensable

### Palau de les Arts Reina Sofía

Este ultramoderno **complejo artístico** (www.lesarts.com; av. del Professor López Piñero 1; visitas guiadas adultos/niños 8/4 €; ⏲visitas guiadas 11.30 y 13.00 lu-vi) emerge junto al lecho del río cual escarabajo gigante, y la carcasa reluciente con un mosaico de azulejos translúcidos (causa de no pocos problemas). Alberga cuatro espacios escénicos y atractivas plataformas con vegetación que asoman bajo el exoesqueleto de cerámica. Salvo que se tenga entrada para un espectáculo, solo se puede entrar mediante visita guiada; hay dos diarias de lunes a viernes, en español con resúmenes en inglés.

Pueden conseguirse grandes descuentos comprando con antelación por internet. Además, las localidades que no se hayan vendido se ofrecen al 50% del precio inicial desde 2 h antes del inicio de la función (1 h los fines de semana).

### Hemisfèric

El ojo del Hemisfèric, con un gran párpado que no pestañea, es a la vez planetario, cine IMAX y espectáculo láser. Hay sesiones aproximadamente cada hora, con una pausa a mediodía, y el audio está disponible en varios idiomas. En verano se aconseja reservar con antelación, pues a menudo se llena.

### Museo de las Ciencias Príncipe Felipe

Este **museo** interactivo (☎902 100 00 31; www.cac.es; adultos/niños 8/6,20 €, con Hemisfèric 12,60/9,60 €; ⏲10.00-18.00, 19.00 o 21.00; 👪) se extiende como un largo esqueleto de ballena. Contiene muchas cosas que los niños pueden tocar, además de máquinas y exposiciones para todas las edades.



### ☑ Consejos

▶ El complejo es grande y no conviene hacer muchas idas y venidas. Lo mejor es planear la visita en función de los horarios del Palau de les Arts Reina Sofía, que está en un extremo.

### ✕ Una pausa

Hay varios sitios caros para comer por todo el recinto. El café bajo el **Palau de les Arts Reina Sofía** es un sitio agradable para sentarse.

Lo más cercano en cuanto a comida es el **Centro Comercial Aqua** (p. 101), al este, o el Centro Comercial El Saler, más pequeño, al oeste cruzando la carretera.

Techo del Umbracle.

## Umbracle

El portal de 320 m del complejo unifica los diversos edificios y alberga el aparcamiento y las oficinas de administración. En lo alto, bajo un grácil techo nervado, se extiende una zona ajardinada que se convierte en un bar elegante las tardes de verano. Abajo hay una lujosa discoteca.

## Ágora

Se eleva desde el suelo a semejanza de un gigantesco mejillón púrpura. Aunque se inauguró en el 2011, a fecha del 2016 aún estaba inacabada por falta de presupuesto. Se trata de un espacio versátil que ha albergado exposiciones de arte y torneos de tenis, pero incluso antes de terminarse, ya tiene pinta de ser un elefante blanco.

## Comprender

### Calatrava, ¿héroe o villano?

Santiago Calatrava, arquitecto valenciano de fama mundial y responsable de la mayor parte de la Ciudad de las Artes y las Ciencias, es un hombre de talento brillante cuyo renombre procede principalmente de sus obras públicas, como puentes, estaciones, museos y estadios, creaciones utilizadas por miles de personas cada día.

Sus estructuras a gran escala se reconocen de inmediato; su sello es tan característico y reconocible como el logotipo de Coca-Cola. Desde el punto de vista tecnológico, lleva hasta el límite la forma de equilibrar, contrarrestar, soportar e impartir la carga en hormigón, hierro y acero. Para Valencia, Calatrava significa tanto como Gaudí para Barcelona. El uso que el catalán hacía del *trencadís* (mosaico de fragmentos de azulejos) y sus formas fluidas basadas en la naturaleza han ejercido una influencia notable en su sucesor valenciano. Las monumentales estructuras de Calatrava, llenas de sinuosas curvas blancas sin apenas ángulos rectos a la vista, también están relacionadas con lo orgánico, como se aprecia en el gran ojo del Hemisfèric, en los puntales de filigrana, semejantes a los nervios de una hoja, del Umbracle o en la vasta pasarela de la Ciudad de las Artes y las Ciencias. Este complejo es, en su mayor parte, diseño de Calatrava y testimonio inolvidable de su talento e imaginación. Tampoco hay que dejar de pasar bajo el puente de la Exposición, de elevados puntales y audaces curvas, que enlaza con la estación de metro Alameda en el centro urbano. Calatrava consideró que el arte de crear espacios públicos bellos se había olvidado en la Europa de la posguerra, enfrascada en la reconstrucción rápida y económica de las ciudades devastadas, y se propuso cambiar este panorama. Sus obras embellecen numerosas ciudades españolas y metrópolis de todo el mundo.

¿Es, pues, Calatrava un héroe en Valencia? No del todo. De hecho, muchos valencianos lo detestan por haber contribuido a arruinar la ciudad. El Palau de les Arts costó 45 millones de euros más de lo presupuestado y ha padecido problemas estructurales, el Ágora sigue inacabada y se ha cuestionado la seguridad viaria del puente de l'Assut d'Or, que cruza el complejo. Muchos de sus proyectos recientes en otros países también han sufrido sobrecostes considerables, e incluso varios han tenido que suspenderse por falta de fondos.

Tienen un aspecto fabuloso, sin embargo, y dentro de unas generaciones el coste se habrá olvidado... si siguen en pie.

A
B
C
D
E
1
2
3
4
Véase el recuadro
Recuadro
Puente de las Flores
Puente del Mar
Jardines del Turia
Puente de Aragón
Av Jacinto Benavente
Av Navarro Reverter
C del Grabador Esteve
C de Sorní
C del Conde de Salvatierra
Mercado de Colón
C de Salamanca
Plaza Cánovas del Castillo
C del Dr Císcar
C Joaquín Costa
C Burriana
C del Conde de Altea
Gran Vía del Marqués del Turia
C del Almirante Cadarso
C del Maestro Gozalbo
Av Reino de Valencia
C del Dr Sumsi
C de Jorge Juan
C de Cirilo Amorós
C Isabel la Católica
C de Hernán Cortés
C del Poeta Quintana
C del Pintor Sorolla
Colón
Plaza de los Pinazos
C Juan de Austria
C de Pérez Bayer
C de Colón
C de Pizarro
C de Félix Pizcueta
C Martí
C Maestro Serrano
C del Pintor Salvador Abril
RUSSAFA
C de Russafa
C de Sevilla
C de Denia
C de Cádiz
Gran Vía Germanías
Passeig Russata
C Ribera
Xàtiva
C de Xàtiva
Estación del Norte
C de Castellón
C Bailén
C Pelayo
Ciudad de las Artes y las Ciencias
C del Menorca
Oceanogràfic
Puente del Assut d'Or
Camino de las Moreras
C Alcalde Reig
Museo Fallero
Av de la Plata
Puente de Monteolivete
Av del Profesor López Piñedo
0
500 m
200 m
Reseñas en:
Principales puntos de interés p. 66
Puntos de interés p. 71
Dónde comer p. 72
Dónde beber p. 73
Ocio p. 74
De compras p. 75

Oceanogràfic.

# Puntos de interés

## Oceanogràfic

ACUARIO

1 plano p. 70, B2

El acuario más famoso de España es el edificio situado más al sur de la Ciudad de las Artes y las Ciencias. El impresionante recinto se divide en varias zonas climáticas, a las que se puede llegar por la superficie o bien bajo tierra desde el edificio central. La sección de tiburones, con túnel incluido, es una de las más populares, mientras que una serie de bellos acuarios presentan especies de climas templados, el Mediterráneo, el mar Rojo y aguas tropicales. Desgraciadamente, también hay delfines y belugas y las investigaciones indican que la cautividad es perjudicial para su bienestar. (☎902 10 00 31; www.cac.es/oceanografic; camino de las Moreras; adultos/niños 28,50/21,50 €, audioguía 3,70 €, entrada combinada con Hemisfèric y Museo de las Ciencias 36,90/28 €; ⏲10.00-17.00 do-vi, 10.00-19.00 sa, 10.00-24.00 jul y ago; 👪)

## Mercado de Colón

MERCADO

2 plano p. 70, D2

Este magnífico edificio, hoy colonizado por cafés y *boutiques* de alimentación, es un antiguo mercado construido en 1916 para abastecer a la creciente burguesía del nuevo barrio de L'Eixample. El bonito armazón de metal está decorado con adornos modernistas para crear un conjunto deslumbrante. Es un buen sitio para degustar horchata y los domingos son agradables, con conciertos gratuitos a mediodía. (www.mercadocolon.es; calle de Cirilo Amorós; 7.00-1.30)

### Museo Fallero
MUSEO

3 plano p. 70, A1

En las fiestas de las Fallas (p. 97), solo uno de los miles de *ninots,* las figuras que posan en la base de cada falla (grandes estatuas de cartón piedra y poliestireno), se salva de las llamas por votación popular. Los indultados a lo largo de los años se exhiben en este museo. Es fascinante ver de cerca esas figuras cómicas, grotescas y a veces conmovedoras. (963 52 54 78; www.valencia.es; plaza Monteolivete 4; adultos/niños 2 €/gratis, do gratis; 9.30-19.00 lu-sa, 9.30-15.00 do)

## Dónde comer

### La Gallineta
ESPAÑOLA **€€**

4 plano p. 70, C3

Es moderno y minimalista y se rige por los mercados, pero por los de alimentos, no por la bolsa (afortunadamente). Tiene una carta breve y de calidad inspirada en los ingredientes frescos de la temporada. Es un sitio íntimo y luminoso, dominado por un gran retrato del pez que le da nombre. El menú de mediodía a 19,50 € es una ganga. (963 36 36 64; www.lagallineta.es; calle del Conde de Altea 7; ppales. 13-19 €; 13.30-16.00 lu y ma, 13.30-16.00 y 20.30-23.30 mi-do)

### Coloniales Huerta
TAPAS **€€**

5 plano p. 70, D3

Ocupa una clásica y centenaria charcutería transformada en tienda de vinos, y ofrece mesas entre los estantes de botellas y un aire de tranquilidad y desorden agradable. Las tapas van de lo clásico –charcutería de primera– a lo innovador. Hay terraza y un menú de mediodía que vale la pena. (963 34 80 09; calle del Maestro Gozalbo 13; platos 8-19 €; 10.00-1.00 lu-sa, 11.00-16.00 do; )

### Racó del Turia
VALENCIANA **€€€**

6 plano p. 70, D3

Íntimo, tradicional y lujoso, famoso por su cocina valenciana bien preparada. Los arroces son sinónimo de excelencia, en particular el arroz con bogavante. Los fines de semana a mediodía conviene reservar. (Calle del Doctor Císcar 10; ppales. 15-28 €; 13.30-16.00 y 20.30-23.30)

### Casa Vela
DELI **€€**

7 plano p. 70, C2

Esta veterana charcutería, agradable y sin complicaciones, tiene una barra de bar y añade un par de mesas a la hora de comer. Las tablas de productos como lacón son deliciosas y también hay platos más sustanciosos, como entrecots y habas. Los precios del vino son muy razonables. Cuentan con más locales; este tiene menos espacio que otros, pero más ambiente. (☎963 51 67 34; www.restaurantecasavela.com; calle de Isabel la Católica 26; platos 4-16 €; ⌚8.00-1.00)

### Las Lunas

FUSIÓN €€

8 plano p. 70, E3

Modesto y un tanto escondido, tiene una excelente oferta de mediodía por 14,90 €. Hay mucho donde elegir; todos los platos son sucu lentos y están bien presentados. (☎662 04 70 91; calle del Doctor Císcar 35; ppales. 10-19 €; ⌚9.00-17.00 lu y ma, 9.00-17.00 y 20.00-1.00 mi-vi, 12.00-17.00 y 20.00-1.00 sa, 12.00-17.00 do; wifi)

### Casa Roberto

VALENCIANA €€

9 plano p. 70, D3

Cualquier valenciano dirá que hay arroces más baratos que los de Casa Roberto, pero algunos opinan que no se encontrarán mejores. Todo es subjetivo, pero lo cierto es que el arroz de este restaurante es buenísimo. Ofrecen numerosas variantes, la mayoría con marisco. (☎963 95 13 61; casaroberto.es; calle del Maestro Gozalbo 19; platos de arroz 17-20 € por persona; ⌚13.15-16.00 y 20.45-23.00 ma-sa, 13.15-16.00 do; wifi)

### Naturé

VEGETARIANA €€

10 plano p. 70, E4

Con frecuencia, los vegetarianos en España se ven reducidos a platos secundarios, pasta y guisos caseros: sabrosos, pero limitados. Se agradece pues encontrar este establecimiento que se toma en serio la comida de calidad. Los ingredientes de producción ecológica local forman la base de creaciones deliciosas en un interior romántico. El servicio es mejorable. Menú de mediodía 15 €. (☎961 05 49 63; www.naturevlc.es; calle del Doctor Císcar 49; ppales. 11-18 €; ⌚13.00-16.00 ma-do; wifi, vegetariano)

## Dónde beber

### L'Umbracle Terraza/Mya

BAR, CLUB

11 plano p. 70, B2

Situado en el extremo sur de la pasarela del Umbracle, en la Ciudad de las Artes y las Ciencias, es un local sofisticado y *cool* para pasar una noche cálida de verano. Se puede disfrutar de la brisa bajo las estrellas en la terraza (desde las 18.00 ju-do, may-

Vida local

### Un clásico en la avenida

Una parada clásica para tomar un café mañanero y una cerveza o vermut en el aperitivo es el **Aquarium** (plano p. 70, D2; ☎963 51 00 40; Gran Vía del Marqués del Turia 57; ⌚7.00-1.00 lu-vi, 8.00-1.30 sa y do; wifi), establecimiento a la antigua usanza con un interior acogedor, paneles de madera y camareros con chaqueta blanca. La terraza padece el ruido del tráfico, pero permite ver pasar a la gente. Dentro se verán personajes locales de puro y coñac.

oct) y luego bajar al Mya, un club de primera fila con un alucinante equipo de sonido. La entrada cubre ambos locales. (www.umbracleterraza.com; av. del Professor López Piñero 5; 24.00-7.30 ju-sa)

### Mercado de Colón

CAFÉ

Este mercado modernista visualmente impactante (véase 2 plano p. 70, D2) está prácticamente colonizado por cafeterías, así que es ideal para un desayuno económico, una horchata tranquila o un mojito nocturno. Basta dar una vuelta y elegir local. (www.mercadodecolon.es; calle de Cirilo Amorós; 7.00-1.30; )

### Las Ánimas

BAR

12 plano p. 70, C3

De ambiente exclusivo, es un lugar agradablemente céntrico para tomar unas copas, aunque la elección de la música no está demasiado inspirada. El local es espacioso y elegante, con dos entradas. También tiene una carta de comida. (http://lasanimas.es; calle de Pizarro 31; 17.00-3.30; )

### Sedici

BAR

13 plano p. 70, E2

De día sirve tapas, pero cobra vida de noche, cuando se llena de gente variada y tranquila que disfruta del ambiente apacible y las copas a buen precio. (www.facebook.com/sedici.valencia; calle del Conde de Altea 45; 10.00-1.30 ma-do; )

> Vida local
>
> **Acción en la cancha**
>
> El equipo de baloncesto de la ciudad, el **Valencia Basket Club** (963 95 70 84; www.valenciabasket.com; av. de los Hermanos Maristas), ha obtenido buenos resultados en primera división (Liga ACB) en años recientes, aunque, como sucede en el fútbol, normalmente el título se lo llevan el Real Madrid o el Barcelona. La temporada va de octubre a mayo. Las entradas pueden comprarse por internet y en varios puntos de venta de la ciudad.

## Ocio

### Palau de les Arts Reina Sofía

ÓPERA

14 plano p. 70, A1

Este espectacular recinto forma parte de la Ciudad de las Artes y las Ciencias. Ofrece sobre todo ópera, pero también conciertos y recitales. (902 20 23 83; www.lesarts.com; av. del Profesor López Piñero 1)

### Hemisfèric

CINEMA

15 plano p. 70, B1

Planetario, cine IMAX y espectáculos láser con sesiones cada hora aproximadamente. Resérvese con antelación en verano. (www.cac.es; sesiones adultos/niños 8,80/6,85 €, con Museo de las Ciencias 12,60/9,60 €)

# De compras

## Abanicos Carbonell
ARTESANÍA

16 plano p. 70, B4

Este histórico fabricante (desde 1810) ofrece abanicos pintados a mano que oscilan entre unos razonables 10 € por los más sencillos hasta obras de pintores de abanicos famosos que alcanzan varios miles de euros. (963 41 53 95; www.abanicoscarbonell.com; calle de Castellón 21; 9.30-13.30 y 16.00-20.00 lu-vi)

## Place
ROPA

17 plano p. 70, C3

Varios puestos en un espacio común ofrecen un poco de todo, desde piezas únicas de pequeños diseñadores hasta ropa *vintage*. (963 94 11 02; http://placevalencia.com; calle de Cirilo Amorós 24; 10.00-20.30 lu-vi, 10.30-20.30 sa)

## Linda Vuela a Río
PERFUMERÍA

18 plano p. 70, C3

La entrada está señalada por unos monos que acompañan la estatua del Cristo del Corcovado de Río de Janeiro. Se trata de una perfumería muy elegante especializada en fragancias de autor de todo el mundo. (963 51 77 46; http://lindavuelaario.com; Gran Vía del Marqués del Turia 31; 10.00-14.00 y 17.00-20.30 lu-sa)

## Trufas Martínez
ALIMENTACIÓN

19 plano p. 70, B3

Se hace la boca agua en esta modesta tienda, cuyos 80 años de experiencia han dado como resultado unas trufas de chocolate perfectas, además de suculentos *marrons glacés* y deliciosos bombones artesanales. Los embalajes son casi tan elegantes como los tesoros que esconden. (963 51 62 89; www.trufasmartinez.com; calle de Russafa 12; 9.00-20.00 lu-sa)

## Nichi Seijo
ZAPATOS

20 plano p. 70, C1

Tienda elegante y minimalista con una amplia gama de zapatos para hombre y mujer. Es de propiedad valenciana y el personal es atento. (963 50 93 67; www.nichiseijo.com; calle de Sorní 1; 10.00-13.30 y 17.00-20.30 lu-sa)

## Cacao Sampaka
CHOCOLATERÍA

21 plano p. 70, D1

Es tan oscura y evocadora como el chocolate de alta calidad que vende, y ofrece una barra de bar donde degustar. Los precios son altos, como cabe esperar de tan deliciosos manjares. (963 53 40 62; www.cacaosampaka.com; calle del Conde de Salvatierra 19; 10.00-14.00 y 15.00-21.00)

## Tenda Granota
DEPORTES

22 plano p. 70, C1

A veces se olvida que Valencia tiene dos equipos de fútbol. En esta tienda se pueden comprar las camisetas (parecidas a las del Barcelona) del eterno segundo, el Levante. (902 22 03 04; http://tienda.levanteud.com; plaza de los Pinazos 6; 10.00-21.00 lu-sa)

Explorar

# Russafa

Pequeño pero matón, Russafa (Ruzafa en castellano) es un barrio popular que se ha puesto de moda. De día, la oferta de galerías originales y tiendas *vintage* entretiene a la gente; de noche, es la mejor zona de la ciudad para cenar y salir, repleta de tapas de calidad, bares de vermú, cafés literarios y una oferta cultural innovadora.

## Lo mejor en un día

En Russafa no hay muchos puntos de interés como tales, pero sí numerosas galerías, tiendas y cafés interesantes. Lo mejor es simplemente pasear por el barrio, descubriendo rincones curiosos.

Russafa es básicamente una cuadrícula de calles con forma triangular, fácil de recorrer a pie. Una buena opción es llegar por la tarde y visitar algunas galerías y tiendas.

Por la noche es agradable tomar un aperitivo, cena y cóctel. Conviene ir al principio de la estancia en Valencia, pues muy probablemente se querrá volver.

Para pasar un día como un lugareño, véase p. 78.

## Vida local

Una noche en Russafa (p. 78)

## Lo mejor

### Dónde comer

Ricard Camarena (p. 81)

Canalla Bistro (p. 83)

El Rodamón de Russafa (p. 79)

Copenhagen (p. 83)

### Bares y clubes

La Fusteria (p. 84)

Ubik Café (p. 84)

Café Tocado (p. 85)

Slaughterhouse (p. 84)

Piccadilly Downtown Club (p. 79)

## Cómo llegar

**Autobús** Pasan varios por Russafa, p. ej. el nº 35 desde la Ciudad de las Artes y las Ciencias, el nº 6 y el nº 7.

**Metro** Las estaciones más cercanas son Xàtiva y Bailén.

**A pie** Se puede llegar andando fácilmente desde la parte sur del casco antiguo.

Vida local
# Una noche en Russafa

**Russafa es el mejor sitio de Valencia para cenar; tiene una asombrosa variedad de opciones en una zona no muy grande. Casi todas se inclinan hacia la cocina moderna de fusión o las especialidades internacionales. Los fines de semana, el barrio se llena de gente y el bullicio es embriagador. Se puede ir de bar en bar probando diferentes tapas como punto de partida para una gran noche de marcha.**

## 1 Inicio bohemio

Se empieza en el **Cafe Berlin** (963 81 00 24; www.facebook.com/cafeberlinvalencia; calle de Cádiz 22; variable; ). A Russafa se le da muy bien lo bohemio; este es uno entre muchos cafés-bares del estilo. Ofrece alta calidad y ambiente con libros, exposiciones de arte y copas aceptables. Organizan intercambios de idiomas.

### ❷ Un toque asiático

Las tapas de influencia asiática son deliciosas en **La Tasqueta del Mercat** (☎633 28 51 55; calle del Maestro Aguilar 2; tapas 3-7 €; ⌚13.30-16.00 y 20.30-23.00 lu-vi, 13.30-17.00 y 21.00-23.00 sa, 21.00-23.00 do; 📶), un local moderno y animado cerca del mercado. Hay carta y una serie de menús degustación. Todas las opciones son sabrosas.

### ❸ 'Pizza' y cerveza

El bullicio se extiende a la calle en **La Finestra** (☎963 81 89 85; www.facebook.com/lafinestrapizzacafe; calle Vivons 16; *minipizzas* 1,50 €; ⌚10.00-15.00 y 18.00-1.00 lu-sa, 18.00-1.00 do; 📶), un popular local en una calleja, poco refinado pero agradable. Su principal reclamo son las deliciosas *minipizzas* a solo 1,50 €. La cerveza también es barata.

### ❹ Bocados de pescado

En una antigua pescadería, **La Conservera** (☎963 22 44 42; http://laconservera.info; calle del Literato Azorín 18; tapas 3-6 €; ⌚variable; 📶) es un curioso bar especializado en pescado y marisco en lata. El producto es de calidad y, en su mayoría, de origen portugués. Los mejillones en escabeche son un tentempié ideal con un vermú o una cerveza artesana.

### ❺ Montaditos a tutiplén

Hay sabrosos montaditos a solo 1 € en **¡¡Porque Lo Digo Yo!!** (☎657 56 28 01; www.facebook.com/sinpy.ruzafa; calle de Cádiz 43; tapas 1-4 €; ⌚19.00-0.30 ma-ju, 19.00-1.30 vi-do; 📶). Se acompañan de cerveza barata y raciones de buen tamaño a precio módico, por lo que es la antítesis de los bares de tapas más pijos de Russafa. Fantástica relación calidad-precio.

### ❻ La vuelta al mundo

En **El Rodamón de Russafa** (☎963 21 80 14; www.elrodamon.com; calle Sueca 47; tapas 3-11 €; ⌚20.30-23.30 lu y ma, 14.00-16.00 y 20.30-23.30 mi-do; 📶) han seleccionado sus platos internacionales favoritos y los han convertido en tapas valencianas: se pueden elegir tacos, *curris*, *porchetta* italiana, ceviche, tayín y muchos otros. Moderno y ajetreado, con personal excelente.

### ❼ Entre bastidores

Aunque un poco más acicalado que en los viejos tiempos, el bar **Backstage** (calle del Literato Azorín 1; ⌚20.00-1.30 o más tarde) es pequeño, íntimo y con carácter: un sitio estupendo para tomar algo después de cenar. Fiel a su nombre, conserva cierto aire a camerino, con espejos de bombillas y carteles.

### ❽ Bailar toda la noche

Para rematar la noche, hay mucha diversión en el gran **Piccadilly Downtown Club** (calle de Tomasos 12; ⌚1.00-7.30 mi-sa; 📶), en una calle lateral del centro de Russafa. Pinchan sobre todo grandes éxitos de los años ochenta y los noventa: no hay excusas para no bailar. Hay espacios más tranquilos para relajarse.

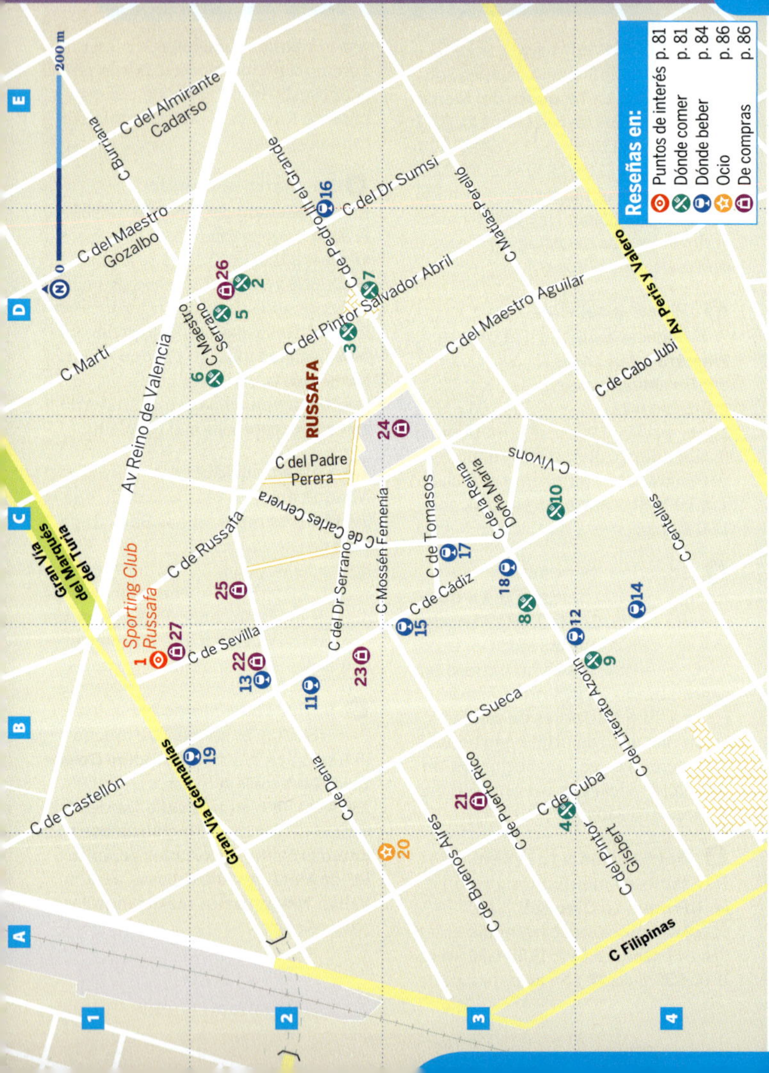
Reseñas en:
Puntos de interés p. 81
Dónde comer p. 81
Dónde beber p. 84
Ocio p. 86
De compras p. 86
200 m
RUSSAFA
Sporting Club Russafa
Gran Vía Marqués del Turia
Gran Vía Germanías
Av Reino de Valencia
Av Peris y Valero
C Filipinas
C de Castellón
C de Sevilla
C de Russafa
C Martí
C del Maestro Gozalbo
C del Almirante Cadarso
C Burriana
C Maestro Serrano
C de Pedro III el Grande
C del Dr Sumsi
C del Pintor Salvador Abril
C Matías Perelló
C del Maestro Aguilar
C de Cabo Jubi
C del Padre Perera
C de Carles Cervera
C del Dr Serrano
C Mossén Femenía
C de Tomasos
C de Cádiz
C de la Reina Doña María
C Vivons
C Centelles
C de Denia
C Sueca
C de Buenos Aires
C de Puerto Rico
C de Cuba
C del Literato Azorín
C del Pintor Gisbert

Plato servido en el restaurante de Ricard Camarena.

# Puntos de interés

## Sporting Club Russafa GALERÍA

1 plano p. 80, B1

No es un club de fútbol, sino una galería poco convencional dirigida por una cooperativa artística sin ánimo de lucro. Las exposiciones suelen valer la pena, y también organizan talleres, charlas y otros eventos relacionados con el arte. (www.sportingclubrussafa.com; calle de Sevilla 5; gratis; exposiciones generalmente 17.30-20.30 lu-sa)

# Dónde comer

## Ricard Camarena GASTRONÓMICA €€€

2 plano p. 80, D2

El chef mejor considerado de Valencia en la actualidad exhibe su habilidad en este restaurante minimalista. Los diversos menús degustación se centran en el ideal valenciano de productos frescos de mercado, presentados de forma innovadora para realzar unos sabores sutiles y excepcionales. (963 35 54 18; www.ricardcamarenarestaurant.com; calle del Doctor Sumsi 4; menú degustación 75-105 €; 13.30-15.30 y 20.30-22.30 ma-sa; )

Comprender

## La paella y otros platos de arroz

Hay algo que transmite alegría en una paella hecha como es debido, amarilla como el sol y repleta de bocados interesantes. Pero este plato tan valenciano tiene más secretos de lo que parece.

**Los secretos del arroz** Los arroces valencianos tradicionales pueden llevar casi cualquier ingrediente, en función de la zona y la temporada. La base siempre incluye arroz de grano corto, ajo, aceite de oliva y azafrán. El mejor es el arroz bomba, que se abre como un acordeón al cocerse, permitiendo una absorción máxima a la vez que conserva la firmeza. La paella debe cocinarse en una sartén grande y poco profunda para que el contacto con el sabor sea el mayor posible. Como toque final de autenticidad, los granos del fondo (y solo esos) deben formar una costra crujiente y sabrosa llamada *socarrat*. En la paella todo el líquido se evapora, los arroces melosos tienen consistencia untuosa y los caldosos llevan caldo.

**Arroces en fiestas** Los concursos de paella son habituales en las fiestas de Valencia. Los jueces se fijan en el sabor, el color, la cocción del arroz, la distribución de los ingredientes y la calidad del *socarrat*.

**Consejos para pedir** Para los valencianos, el arroz se come exclusivamente en el almuerzo, aunque algunos sitios también lo preparan a la hora de cenar para los turistas. Los restaurantes tardan unos 20 min en preparar un arroz: cuidado si no es así.

### Dos Estaciones

GASTRONÓMICA €€

3 plano p. 80, D2

Dos chefs con talento supervisan este pequeño restaurante. Producen algunas creaciones extraordinarias a precio muy razonable; la frescura y la innovación están garantizadas. (963 03 46 70; calle del Pintor Salvador Abril 28; ppales. 12-20 €, menú degustación 35 €; 13.30-16.00 y 20.30-23.00 ma-sa)

### Dulce de Leche

CAFÉ €

4 plano p. 80, B3

Los deliciosos tentempiés dulces y salados con un toque argentino son la especialidad de esta cafetería, decorada con exquisitez. El café es ecológico, los zumos son deliciosos y el servicio es de calidad. Aunque de aspecto lujoso, los precios son muy razonables. El *brunch* del fin de semana es sabroso y económico, pero cuesta encontrar mesa en la terraza. (963 03 59 49; www.facebook.com/dulcedelecherusafa; calle del Pintor Gisbert 2; *brunch* 6 €; 9.00-21.15; )

### Canalla Bistro
FUSIÓN €€

5 plano p. 80, D2

Chic pero espacioso, decorado con cajones de embalaje, dibujos de pollos y otras excentricidades. Aquí, el destacado chef valenciano Ricard Camarena se permite ser un poco más desenfadado. Los platos, sensacionalmente presentados, se inspiran en la comida callejera de todo el mundo. Creativo, divertido y delicioso. (www.canallabistro.com; calle del Maestro José Serrano 5; platos 4-16 €; 13.30-15.30 y 20.30-23.00; )

### Mood Food
FUSIÓN €€

6 plano p. 80, D2

Se trasladó aquí desde un local diminuto en el casco antiguo, sin perder popularidad ni calidad. Ofrece una exquisita variedad de tapas y raciones que mezclan influencias españolas y japonesas con fantástico resultado, además de algunos toques del resto del mundo. El servicio es amable. Resérvese. (961 05 02 69; calle del Pintor Salvador Abril 7; ppales. 12-18 €; 14.00-16.00 y 20.30-23.00 ma-sa; )

### Ca Mandó
VALENCIANA €€

7 plano p. 80, D2

Los *tutukis*, el carpacho, las ensaladas y las tostas de calidad dominan la pizarra de este acogedor local de barrio especializado en tapas; todo está en valenciano, pero el personal ayuda a traducirlo. La comida es fresca y procede del mercado cercano. Todo se prepara con cuidado y en el momento en que se pide, por lo que habrá que esperar. (963 22 04 60; calle Pedro III El Grande 12; platos 6-11 €; 7.30-22.30 ma-sa; )

### Copenhagen
VEGETARIANA €

8 plano p. 80, C3

Luminoso y animado, este popular vegetariano parece contagiar alegría a toda la calle. Preparan sabrosas hamburguesas de soja y excelente pasta casera, aunque en verdad todo está bueno. (963 28 99 28; www.grupocopenhagen.com; calle del Literato Azorín 8; platos 8-11 €; 13.00-16.00 y 20.00-23.30; )

### Lamaldo
FUSIÓN €€

9 plano p. 80, B4

Es una apuesta fiable para encontrar comida de calidad y a buen precio todo el día, desde cocas y ceviche hasta tempura y platos de influencia asiática. Las raciones de carne y pescado, sabrosas y de buen tamaño, tienen una presentación atractiva pero sin florituras. La terraza es agrada-

Consejo

**Reservas en restaurantes**

Los restaurantes de Russafa se llenan los fines de semana a la hora de cenar, por lo que conviene reservar. Se puede hacer por teléfono, a veces por internet y se puede pedir al hotel. Bastantes están afiliados a webs de reservas como www.eltenedor.es.

ble en las noches cálidas. El servicio puede ser lento e irregular, pero ¿qué prisa hay? (☎963 41 79 15; http://lamaldo.es; calle del Literato Azorín 17; platos 7-15 €; ⏲13.00-16.00 lu, 13.00-16.00 y 20.00-24.00 mi, ju y do, 13.00-16.00 y 20.00-1.30 vi y sa)

### Nolita Space

ESPAÑOLA €€

10 plano p. 80, C3

Bonito, tentador y respaldado por una cocina de la que salen deliciosos platos españoles modernos, bien presentados y servidos con una sonrisa. La selección de platos de carne es mejor que la de muchos restaurantes valencianos, y hay ensaladas de calidad y entrantes para compartir. Los variados menús salen a cuenta para mesas enteras. Conviene reservar los fines de semana. (☎963 22 50 93; www.nolitaspace.com; calle de Cádiz 61; ppales. 12-20 €; ⏲13.00-15.30 y 21.00-23.30 ma-sa; 📶)

Consejo

### Agua de Valencia

El agua de Valencia es una bebida típica, popular y muy refrescante, aunque nada tiene que ver con el agua. La receta habitual es mezclar cava, zumo de naranja y un buen chorrito de ginebra y/o vodka. Entra muy bien en verano, pero pega fuerte.

## Dónde beber

### La Fusteria

BAR

11 plano p. 80, B2

Esta antigua carpintería es hoy un bar agradablemente desordenado, con muebles desparejados y bicicletas en las paredes (las venden y reparan). Es estupendo para tomar algo después de cenar, con una simpática mezcla de gente y eventos periódicos en la parte trasera. (www.lafusteriaruzafa.com; calle de Cádiz 28; ⏲19.00-23.00 lu-ju, 19.00-2.30 vi y sa; 📶)

### Ubik Café

BAR, CAFÉ

12 plano p. 80, B4

Café, bar y librería apto para niños, confortable para relajarse y curiosear. Ofrece una lista de vinos breve y bien seleccionada, tablas de quesos y embutidos, ensaladas y muchas especialidades italianas. "Como en casa" lo define perfectamente, pues es acogedor y hogareño. Organizan intercambios de idiomas. (☎963 74 12 55; http://ubikcafe.blogspot.com; calle del Literato Azorín 13; ⏲17.00-0.30 lu y ma, 12.00-0.30 mi-do; 📶👪)

### Slaughterhouse

BAR

13 plano p. 80, B2

Ocupa una antigua carnicería, de ahí su nombre ("matadero", inspirado también en una novela de Kurt Vonnegut de título similar). Abunda en libros, nuevos, usados, a la venta o simplemente para hojear. Hay una

BONCHAN / SHUTTERSTOCK ©

Horchata y *fartons* (p. 115).

reducida carta de hamburguesas, ensaladas y quesos; cada plato (7-10 €) tiene una referencia a la literatura o la cultura popular de los años setenta. (☎963 28 77 55; www.slaughterhouse.es; calle de Denia 22; ⏲18.00-1.30; 📶)

## Planet Valencia

LESBIANO, BAR

14 plano p. 80, C4

Situado en mitad de la acción de Russafa, es el destino perfecto después de unas tapas de fin de semana para chicas que buscan chicas. (☎963 22 03 06; www.planetvalencia.es; calle Sueca 63; ⏲23.00-3.30 ju-do; 📶)

## Café Tocado

BAR

15 plano p. 80, B3

Ostenta los rojos intensos y el romanticismo de un local francés de la *belle époque,* y lo remata con un pequeño teatro de cabaré. Las bebidas son buenas y la situación, inmejorable. Evocador y atractivo. (Calle de Cádiz 44; ⏲19.00-1.30; 📶)

## Jardín Urbano

CAFÉ

16 plano p. 80, D2

Este tentador café posee un interior encantadoramente ecléctico, con libros, una fuente, plantas y obras de arte. Queda algo apartado del bullicioso centro de Russafa, por lo que es ideal para tomar algo tranquilamente con los amigos o leer una novela en la terraza. (☎961 13 32 07; calle de Pedro III El Grande 26; ⏲9.00-14.00 y 18.00-1.00 lu-sa; 📶)

### La Mezcalería

BAR

17 plano p. 80, C3

Luminoso y elegante, con ventanales para ver y ser visto. Su especialidad son los destilados del agave, como el mezcal y la raicilla, junto con la inevitable comida mexicana para acompañarlos. (☎963 03 47 84; www.lamezcaleriavlc.com; calle de Carles Cervera 34; ⏲17.00-1.30; 📶)

### El Tula Café

CAFÉ, BAR

18 plano p. 80, C3

Sería difícil encontrar un bar no frecuentado por gays en Russafa, pero este tiene más reputación que la mayoría. El ambiente es luminoso y optimista, con colores pastel, y cualquier persona puede pasarse en cualquier momento del día, sea en busca de un café matutino o una copa por la noche. (☎963 41 50 95; www.tulacafe.es; calle de Cádiz 62; ⏲9.00-1.30; 📶)

### Xtra Lrge

BAR, CLUB

19 plano p. 80, B2

Con más de 600 m², este club subterráneo hace honor a su nombre ("extra grande"). Es todo colores pastel sobre metal y hormigón industrial, y ofrece DJ en directo. Se puede tomar algo especial en la llamada Gintonería-Coctelería y luego bailar hasta las tantas. (www.xlxtralrge.com; Gran Vía Germanías 21; ⏲24.00-3.30 ju-sa)

Vida local

### El microteatro

Obras de menos de 15 minutos, para menos de 15 espectadores y en menos de 15 m²: esa es la receta del **Microteatre València** (plano p. 80, C3; ☎963 32 56 48; www.microteatrevalencia.com; calle de Cádiz 59; entradas 3,50 €), un icono de la innovación en Russafa. Se interpretan obras constantemente en cuatro salas; solo hay que presentarse allí, comprar la entrada y tomar algo en el bar mientras se espera turno. Es toda una experiencia.

## Ocio

### Sala Russafa

TEATRO

20 plano p. 80, A3

Fundado hace relativamente poco, presenta obras de teatro y danza, con frecuencia orientadas a familias. (☎963 10 74 88; www.salarussafa.es; calle de Denia 55; 👪)

## De compras

### Madame Mim

VINTAGE, ROPA

21 plano p. 80, B3

Muchos valencianos dirían que esta es la mejor tienda *vintage* de la ciudad, y siempre es curioso ver qué tiene. Además de ropa, hay una peculiar línea de objetos interesantes que merece un vistazo. (☎963 25 59 41; www.facebook.com/madame.mim.shop; calle de Puerto Rico 30; ⏲11.00-14.30 y 17.30-21.30 ma, ju y vi, 11.00-14.30 y 18.00-22.00 sa)

### Kowalski Bellas Artes — ARTE

22 plano p. 80, B2

Esta tienda es una romántica joya que rinde homenaje al arte; de hecho, el dueño es artista y a menudo está dibujando o pintando en el local. Pinturas, libros, vinilos y más; es un sitio precioso y curioso para explorar. (www.facebook.com/kowalskibellasartes; calle de Denia 20; ⏲10.30-14.00 y 17.30-21.00 lu-sa, cerrado sa jul y ago)

### Kauf Vintage — VINTAGE, ROPA

23 plano p. 80, B2

Una parada obligada en Russafa por su excelente selección de moda *vintage*. (☎963 81 79 01; www.kaufvintage.com; calle de Cádiz 38; ⏲17.30-21.00 lu, 10.30-14.00 y 17.30-21.00 ma-sa)

### Mercado de Russafa — MERCADO

24 plano p. 80, C3

Nada que ver con los maravillosos mercados modernistas de Valencia: es una monstruosidad de hormigón plantada en medio de Russafa, aunque animada con unos frisos de lamas de colores. Es el sitio indicado para comprar buenos productos frescos en el barrio. (☎963 74 40 25; http://mercatderussafa.com; calle de la Reina Doña María; ⏲7.00-15.00 lu-sa)

### Gnomo — REGALOS

25 plano p. 80, C2

Preciosa tienda de regalos con una amplia gama de objetos de estilo contemporáneo. Perfecta para comprar un regalo original. (☎963 73 72 67; www.gnomo.eu; calle de Denia 12; ⏲11.00-14.00 y 17.00-21.00 lu-sa)

### Trendy Room — ZAPATOS, ROPA

26 plano p. 80, D2

Esta pequeña *boutique* tiene un dueño simpático y una colección reducida, pero cuidadosamente seleccionada, de deportivas, bolsos, pajaritas y otras curiosidades. Encargan productos si se les pide y los *hipsters* son bienvenidos. (☎625 23 45 94; calle del Doctor Sumsi 4; ⏲10.30-14.00 y 17.00-21.00 lu-vi, 11.00-14.30 y 17.00-21.30 sa)

### Paranoid — ROPA

27 plano p. 80, B1

En esta excelente tienda, uno puede diseñar su propia camiseta o comprar una ya impresa. Su negocio secundario son los instrumentos musicales *retro* y la creación de extraños instrumentos electrónicos a partir de restos viejos. Con suerte (si gustan) quizá haya algún concierto. (www.paranoidtees.net; calle de Sevilla 7; ⏲11.00-21.00 lu-vi, 11.00-14.00 sa)

Explorar

# Norte y este de Valencia

Esta amplia área urbana al otro lado del Jardín del Turia alberga las dos universidades principales, por lo que hay numerosos bares y restaurantes. El Turia, una zona ajardinada de 9 km, es ideal para pasear (foto arriba; p. 118). El museo de arte y el equipo de fútbol más importantes de Valencia son dos pilares de la cultura local, mientras que Benimaclet tiene una animada vida vecinal y alternativa.

## Lo mejor en un día

Tras admirar la vegetación y los puentes del antiguo cauce del río, se puede visitar el **Museo de Bellas Artes** (p. 90) para ver buen arte español, incluidas las excelentes obras de Joaquín Sorolla. En **Balansiya** (p. 96) se puede tomar un almuerzo marroquí de calidad.

Tras el almuerzo puede darse un paseo por los **Jardines del Real** (p. 95). Después, los aficionados al fútbol quizá deseen visitar el **estadio del Valencia CF** (p. 95), el poderoso Mestalla.

Al caer la tarde es agradable pasear por las calles de **Benimaclet** (p. 92), entrando en los diferentes cafés, bares y espacios culturales para ver qué hay. Luego se puede ir a las salas de conciertos **Black Note** (p. 100) o **Wah Wah** (p. 101).

Para pasar un día como un lugareño, véase p. 92.

## Principales puntos de interés

Museo de Bellas Artes (p. 90)

## Vida local

Benimaclet (p. 92)

## Lo mejor

### Bares y clubes

Chico Ostra (p. 93)

Café Bla Bla (p. 98)

Deseo 54 (p. 99)

La Gramola (p. 93)

### Música en directo y teatro

Black Note (p. 100)

Wah Wah (p. 101)

Palau de la Música (p. 119)

Sala Matisse (p. 101)

## Cómo llegar

**Autobús** Numerosas líneas cruzan la zona; son la mejor forma de llegar a muchos sitios.

**Metro/Tranvía** Hay varias paradas. Aragón es la más cercana al estadio del Valencia, y Pont de Fusta, al Museo de Bellas Artes. Para ir a la plaza Xúquer hay que bajar en Aragón, Amistat o Universitat Politècnica. Benimaclet tiene su propia parada y también está cerca de Vicente Zaragozá.

# Principales puntos de interés
## Museo de Bellas Artes

El principal museo de arte de Valencia es un edificio un tanto discreto situado frente al casco antiguo, al otro lado del Jardín del Turia. Ocupa parte de un antiguo seminario y alberga una colección impresionante de obras de artistas valencianos y maestros españoles.

San Pío V

plano p. 94, B2

www.museobellasartesvalencia.gva.es

Calle de San Pío V 9

gratis

10.00-20.00 ma-do

# Indispensable

## Joaquín Sorolla

El valenciano Joaquín Sorolla (1863-1923) fue un pintor versátil. Su *María convaleciente* es un impactante retrato de su hija, cuya expresión parece aunar la enfermedad con las dudas de una joven entrando en la edad adulta.

## Vicente López Portaña

Una buena colección de retratos de aristócratas de los ss. XVIII y XIX da valor a la obra de este pintor y constituyen un homenaje a la aristocracia carente de toda crítica. Su obra ofrece un interesante y valioso retrato de la vida cortesana.

## Goya

Destacan algunos cuadros de fondo sombrío pintados por el maestro de las tinieblas. La maestría de Goya para expresar la inquietud del retratado otorga una fuerza pictórica considerable. Incluso los niños que juegan parecen amenazados por alguna fatalidad inminente.

## Velázquez

Diego Velázquez, que compite con Goya y Picasso por el título de pintor español más notable, llevó la pintura a la cumbre de su edad de oro en el s. XVII. Su poderoso *Autorretrato* es una obra maestra.

## Los Ribalta

Francisco Ribalta y su hijo Juan fueron pintores importantes en la Valencia de principios del s. XVII. *Preparativos para la crucifixión,* de Juan, destaca por la belleza de su composición. En el padre es visible la evolución desde el manierismo hacia un estilo más naturalista.

## ☑ Consejos

- Es gratuito, está cerca del casco antiguo, abre hasta las 20.00 y no cierra al mediodía: es una de las opciones más flexibles a la hora de planear el día.
- Hay que dar un paseo por los Jardines del Real mientras se está en la zona.

## Una pausa

En el museo hay una cafetería agradable que sirve almuerzos aceptables.

Continuando con el tema artístico, la comida del cercano **Lienzo** (p. 50) es sin duda una obra de arte.

# Vida local
# Benimaclet

**Benimaclet, a un corto trayecto del centro a pie, en tranvía o metro, era en el pasado un municipio independiente en medio de tierras de cultivo, y conserva cierto ambiente rural. Pero sus bares y cafés no son en absoluto provincianos, sino modernos, bohemios, innovadores y con conciencia social. La oferta cultural es constante, todas las noches hay algo.**

## ❶ Centro cultural

El centenario **Centro Instructivo Musical** (☎963 69 17 03; www.cimbenimaclet.com; calle Barón de San Petrillo 14; ⌚9.00-24.00), en el corazón del barrio, no parece gran cosa pero es el alma del vecindario. Exposiciones de arte, clases de música y danza, conciertos o una cerveza y una partida de billar: lo mejor es pasarse y ver qué hay.

### ❷ Fusion Art
El espacio cooperativo **Fusion Art** (☎697 80 07 74; www.facebook.com/fusionartespacio; calle de Juan Giner 5) puede usarlo cualquiera que presente una propuesta de clases o eventos: clases de pintura para familias, yoga, *reiki*, un concierto de *rock*...

### ❸ Una 'pizza'
El alegre **L'Olegari** (☎653 22 26 81; www.facebook.com/olegaribenimaclet; calle del Músico Hipólito Martínez 8; *minipizzas* 1,50 €, tapas 2-4 €; ⏲17.00-1.30; 📶✍) sirve deliciosas *minipizzas*. A la vuelta de la esquina, el agradable **Kaf Café** (☎961 13 17 06; www.facebook.com/kafcafebenimaclet; calle del Arquitecto Arnau 16; ⏲18.00-1.30 sep-jul; 📶) ejemplifica el ambiente artístico alternativo de Benimaclet con actos, exposiciones y debates regulares.

### ❹ Arquitectura llamativa
El impactante **Espai Vert** (calle Diógenes López Mecho) es un proyecto arquitectónico de los años ochenta que se construyó como cooperativa para crear una forma diferente de vida en común, con pisos espaciosos con jardín propio. La profusión de ángulos extraños, salientes ajardinados y formas peculiares resulta curiosa y sorprendente.

### ❺ La Murta
Bohemio incluso para Benimaclet, **La Murta** (☎961 33 69 71; www.facebook.com/barlamurta; calle de la Murta 14; tapas 3-6 €; ⏲7.30-1.00; 📶✍) es un café, bar y local de tapas abierto todo el día, sencillo, económico e informal. La oferta de tapas incluye opciones poco corrientes y algunas vegetarianas, como el queso de cabra rebozado.

### ❻ Plaza Benimaclet
Esta tranquila placita está dominada por una iglesia que data en parte del s. XVI. El bar de *rock* de ambiente *grunge* **Glop** (plaza Benimaclet 3; ⏲18.00-3.30 lu-sa, 18.00-1.30 do; 📶) no ha cambiado en años. No se toma demasiado en serio a sí mismo y la gente sale a la plaza las noches de verano.

### ❼ Un café-bar cultural
El encantador café-bar **Chico Ostra** (☎960 71 99 44; www.chicoostra.com; calle del Músico Belando 15; ⏲18.00-24.00 do-ju, 18.00-1.30 vi y sa; 📶) es realmente especial. Ofrece tentempiés sabrosos (2-9 €) y estupendos eventos culturales.

### ❽ Cena y copas
Si se busca una comida más completa para redondear la visita, **Pata Negra** (☎963 89 09 54; www.facebook.com/patanegra.benimaclet; calle del Barón de San Petrillo 3; menú 12 €; ⏲21.00-1.00 lu-sa) es toda una ganga. Es un local atractivo y romántico, con objetos raros que le dan el aire de una tienda de curiosidades. En la misma calle, **La Gramola** (☎660 82 90 84; www.facebook.com/lagramola; calle del Barón de San Petrillo 9; ⏲18.30-1.30 lu-sa, 18.30-23.00 do; 📶) sirve mojitos estupendos. El bar está forrado de viejo vinilo y suena preferentemente *jazz*.

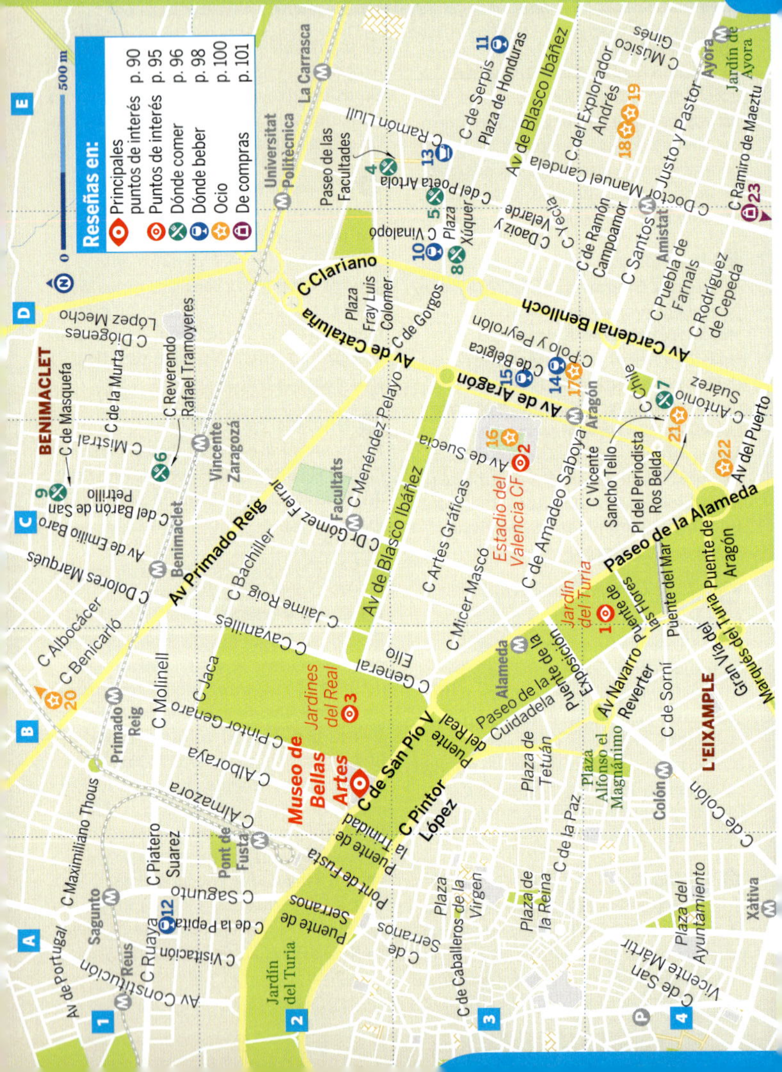
Reseñas en:
Principales puntos de interés p. 90
Puntos de interés p. 95
Dónde comer p. 96
Dónde beber p. 98
Ocio p. 100
De compras p. 101
0
500 m
N
A
B
C
D
E
1
2
3
4
BENIMACLET
L'EIXAMPLE
Museo de Bellas Artes
Jardines del Real
Estadio del Valencia CF
Jardín del Turia
Av Primado Reig
Av de Cataluña
C Clariano
Av de Aragón
Av Cardenal Benlloch
Av de Blasco Ibáñez
Paseo de la Alameda
Av del Puerto
Av de Portugal
Av Constitución
C Maximiliano Thous
C Piatero Suarez
C Molinell
C Jaca
C Bachiller
C Dr Gómez Ferrer
C Menéndez Pelayo
C de Gorgos
Plaza Fray Luis Colomer
C Artes Gráficas
C Micer Mascó
C de Amadeo Saboya
C Vicente Sancho Tello
Pl del Periodista Ros Belda
Av de Suecia
C de Bélgica
C Polo y Peyrolón
C Chile
C Antonio Suárez
C Rodríguez de Cepeda
C Puebla de Farnals
C Santos
C de Ramón Campoamor
C Yecla
C Daoiz y Velarde
Plaza Xúquer
C del Poeta Artola
C Vinalopó
Paseo de las Facultades
C Ramón Llull
C de Serpis
Plaza de Honduras
C del Explorador Andrés
C Doctor Manuel Candela
C Justo y Pastor
C Músico Ginés
Jardín de Ayora
C Ramiro de Maeztu
C Reverendo Rafael Tramoyeres
C Diógenes López Mecho
C de la Murta
C Mistral
C de Masquefa
C del Barón de San Petrillo
Av de Emilio Baró
C Dolores Marqués
C Albocácer
C Benicarló
C Pintor Genaro
C Alboraya
C Almazora
C Jaime Roig
C Cavanilles
C General Elío
C de San Pío V
C Pintor López
Puente del Real
Paseo de la Ciudadela
Puente de la Exposición
Puente de las Flores
Puente del Mar
Puente de Aragón
Av Navarro Reverter
C de Sorní
Gran Vía del Marqués del Turia
C de Colón
Plaza de Tetuán
Plaza Alfonso el Magnánimo
C de la Paz
Plaza de la Reina
Plaza de la Virgen
C de Caballeros
C de Serranos
Puente de Serranos
Pont de Fusta
Puente de la Trinidad
C Sagunto
C de la Pepita
C Visitación
C Ruaya
Plaza del Ayuntamiento
C de San Vicente Mártir
Universitat Politècnica
La Carrasca
Vicente Zaragozá
Benimaclet
Primado Reig
Facultats
Aragón
Amistat
Ayora
Alameda
Colón
Xàtiva
Saguntо
Reus
Pont de Fusta
1
2
3
4
5
6
7
8
9
10
11
12
13
14
15
16
17
18
19
20
21
22
23

Estadio del Valencia CF.

# Puntos de interés

## Jardín del Turia PARQUE

1 plano p. 94, C4

Este pulmón verde de 9 km de longitud cubre el antiguo curso del río Turia. Es una mezcla fabulosa de campos de juego, senderos para montar en bici, correr y caminar, praderas y parques infantiles. Como rodea la parte oriental de la ciudad, también constituye una forma agradable de desplazarse de un punto a otro. En la p. 118 se detalla un paseo por el parque.

## Estadio del Valencia CF ESTADIO

2 plano p. 94, C3

La visita guiada por el famoso estadio de Mestalla abarca la sala de prensa, los vestuarios y el césped. Los horarios varían en función de la temporada y los partidos; consúltese la página web. (☎963 37 26 26; www.valenciacf.com; av. de Suecia; adultos/niños 10,20/7,80 €; ⌚10.30-14.30 y 15.30-18.30 lu-sa, 10.30-14.30 do, última visita 1 h antes del cierre)

## Jardines del Real PARQUE

3 plano p. 94, B2

Llegan hasta el lecho del Turia y son preciosos para dar un paseo, con muchas palmeras y naranjos además de un pequeño aviario. Son los antiguos jardines de un palacio y también reciben el nombre de Los Viveros. (963 52 54 78; calle de San Pío V; gratis; 8.00-atardecer)

## Dónde comer

### Balansiya

MARROQUÍ €

4 plano p. 94, E3

Se encuentra en un barrio de estudiantes cerca de la universidad y vale la pena buscarlo. Es acogedor, con decoración elegante de estilo marroquí, y ofrece una amplia variedad de platos, incluidos dulces excelentes. No sirven alcohol, pero hay una lista inusualmente larga de vinos no alcohólicos. Se recomienda la bebida casera de hibisco. (963 89 08 24; www.balansiya.com; paseo de las Facultades 3; ppales. 8-12 €; 13.30-16.00 y 20.00-23.30)

Vida local

**A la rica horchata**

Con una situación muy poco romántica cerca de una gran rotonda, la **Horchatería Els Sariers** (963 69 38 79; www.facebook.com/horchateriaelssariers; calle de Sarcet 6; 16.00-22.00 lu-ju, 11.00-1.30 vi y sa, 11.00-24.00 do; ) es un local luminoso que vale la pena visitar si se pasa por la zona, pues es una de las mejores horchaterías de Valencia. Además de horchata y los *fartons* de rigor (bollos alargados para mojar), se puede degustar bollería diversa, chocolate a la taza, helados, etc.

### Tanto Monta

TAPAS €

5 plano p. 94, E3

Legendario, sabroso y barato. Suele estar abarrotado de gente, que se abre paso a empujones para disfrutar de los deliciosos montaditos. Lo mejor es sentarse fuera (si se puede) y seleccionar con cuidado un plato surtido (todo es fantástico). También ofrecen tostadas y ensaladas. (Calle del Poeta Artola 19; platos 1,70-6,85 €; 19.00-1.00 lu-sa)

### El Carabasser

TAPAS €

6 plano p. 94, C1

Una buena opción para comer en Benimaclet es este pequeño local de tapas. Suele llenarse, por lo que conviene llegar temprano, y no es extraño, porque sus creaciones son las mejores del barrio, y los precios, muy razonables. Se hace hincapié en la comida ecológica y los vegetarianos están bien servidos. (963 89 14 46; www.facebook.com/elcarabasser; calle Reverendo Rafael Tramoyeres 35; tapas 4-8 €; 20.30-1.00; )

### Book Restaurant

VALENCIANA €€

7 plano p. 94, D4

Es pequeño y destaca por sus líneas puras y modernas, decoración pintoresca y ambiente tranquilo. Los arroces, las costillas cocinadas a fuego lento y el menú de mediodía a buen precio lo convierten en una buena

Comprender

## Las Fallas

Si se puede visitar Valencia a mediados de marzo, el viajero se encontrará con las **Fallas de San José** (www.fallas.com; mar), un torbellino exuberante y anárquico de fuegos artificiales, música, hogueras y marcha toda la noche. Es una de las fiestas más famosas del país.

Las fallas en sí (*falles* en catalán) son enormes esculturas de cartón piedra, poliestireno y madera construidas por equipos de artistas locales. Cada barrio patrocina su propia falla, y cuando la ciudad se despierta tras la *plantà* (alzamiento de las fallas durante la noche) la mañana del 16 de marzo, han aparecido más de 350. Estas efigies coloridas y grotescas satirizan a famosos, temas de actualidad y costumbres locales; alcanzan hasta 15 m de altura y las más caras cuestan cientos de miles de euros. Van de lo cómico a lo emotivo y los valencianos juzgan con sumo interés la calidad de las figuras individuales, llamadas *ninots*. Hay varios premios para las mejores fallas de cada categoría, y ganar el premio global a la mejor falla es un honor por el que se compite denodadamente.

Además de las figuras, se encontrarán todos los aditamentos de cualquier fiesta española: celebraciones las 24 h (empezando por las bandas de música que despiertan a la ciudad a las 8.00), fiestas callejeras, concursos de paellas, desfiles, conciertos al aire libre, corridas de toros y fuegos artificiales gratuitos. Valencia se considera a sí misma la capital pirotécnica del mundo, y todos los días a las 14.00 desde el 1 hasta el 19 de marzo, una *mascletà* (más de 5 min de explosiones y ruidos ensordecedores) hace temblar los cristales de la plaza del Ayuntamiento.

Pero aún falta la pirotecnia mayor: después de la medianoche del último día (19 de marzo), las fallas son pasto de las llamas mientras se lanzan más fuegos artificiales. Así pues, ¿todos los *ninots* acaban reducidos a cenizas? Todos menos uno: la figura más admirada es indultada por votación popular y conservada para la posteridad en el **Museo Fallero** (p. 72), un buen sitio para conocer las fallas y su evolución a lo largo de los ss. XIX y XX.

Hay que reservar alojamiento con mucha antelación para las Fallas. Otras ciudades y pueblos de la región también tienen celebraciones falleras, así que es una época fantástica para estar en la zona.

alternativa al concurrido centro. (963 20 59 59; www.thebookrestaurant.com; calle Antonio Suárez 29; menús 12-20 €; 13.30-16.00 do-mi, 13.30-16.00 y 21.00-23.00 ju-sa; )

### Que Ganeta Tinc

VALENCIANA **€€**

8 plano p. 94, D3

Los muebles blancos y las grandes ventanas dan luminosidad al local, dirigido con amabilidad en una bonita plaza bohemia. Está más orientado al personal de la universidad que a los estudiantes; ofrece una mezcla agradable de comida casera y cocina moderna de mercado. El menú del día (16 €) es fiable y delicioso. (961 13 51 70; http://queganetatinc.es; plaza Xúquer 4; ppales. 12-18 €; 13.30-16.00 do-ma, 13.30-16.00 y 21.00-23.30 mi-sa; )

Consejo

**Propuesta en la zona**

Esta zona es estupenda para comer a precio económico. La mayoría de los restaurantes están en la plaza Xúquer, la plaza Honduras y la calle Serpis, que conecta ambas. Aunque casi todos abren al mediodía, generalmente la gente acude para la cena.

La vida nocturna es animada gracias a la universidad, y también es la principal zona de locales nocturnos los fines de semana. Tradicionalmente, la noche de los jueves es cuando los universitarios salen a emborracharse. Benimaclet cuenta con interesantes opciones alternativas.

### La Vida es Bella

ESPAÑOLA **€**

9 plano p. 94, C1

La atractiva pintura y azulejería le dan una categoría superior a la de los habituales bares de barrio. Sirven un menú de tapas, ensaladas y sartenes (platos combinados fritos), todo de calidad, que junto a la destreza en la presentación hace que todo sea muy agradable. (Calle de Masquefa 11; platos 3-11 €; 18.00-2.00)

## Dónde beber

### La Salamandra

BAR

10 plano p. 94, D3

Pequeño, evocador e íntimo, es uno de los clásicos de esta plaza cercana a la universidad que se anima por las tardes. Es frecuentado por profesores que aprecian un *gin-tonic* bien preparado y escuchar música de su juventud; pero en la terraza también se ven jóvenes tomando cervezas por la noche. (Plaza Xúquer 6; 16.00-1.30; )

### Café Bla Bla

BAR

11 plano p. 94, E3

Decorado con cortinas rojas y espejos, es perfecto para relajarse tomando algo. Hay velas, música suave, una barra muy bien surtida y empleados amables. Es el sitio más serio en una bulliciosa zona de marcha estudiantil; el local de al lado es un bar de absenta

KARL JOHAENTGES / GETTY IMAGES ©

Tapas.

zombi. Tiene otra entrada por la plaza de Honduras. (Calle de Serpis 62; 16.00-1.30; )

## Deseo 54 LGBT

12 plano p. 94, A1

En esta discoteca lujosa frecuentada por gente joven y guapa suena música electrónica de calidad para un público en su mayoría LGBT, aunque no exclusivamente. (963 27 54 45; www.deseo54.com; calle de la Pepita 13; 1.00-7.30 vi y sa; )

## Café Latino CAFÉ, BAR

13 plano p. 94, E3

Anclado cual barcaza en las aguas más de moda de la zona estudiantil, este café-bar es un lugar clásico con muebles anticuados y ambiente de salón. Gracias a su aceptable café y copas, es un fijo en la zona. (Calle de Serpis 23; 16.00-2.00 ma-do; )

## Bcool CLUB

14 plano p. 94, D3

Moderno y minimalista, tiene ambiente agradable y una clientela bastante joven que escucha grandes éxitos veraniegos y R&B. Está bien como primer plato antes de ir a una discoteca más grande. (Calle Polo y Peyrolón 11; 21.00-3.00 mi y ju, 23.00-4.00 vi y sa)

### Caribbean's Aragón

BAR

15 plano p. 94, D3

Se presenta como un local para empezar la noche, pero aun así se anima bastante, con una mezcla de sonidos pop y *house,* DJ invitados y promociones para estudiantes. Está escondido detrás y debajo de un restaurante. (www.caribbeanspub.com; calle de Bélgica 5; 22.30-4.00 mi-sa)

## Ocio

### Valencia Club de Fútbol

FÚTBOL

16 plano p. 94, C3

Es el principal equipo de la ciudad y uno de los más importantes del fútbol español; sus hinchas son famosos por su exigencia. Su traslado a un nuevo campo al noroeste de la ciudad lleva retrasándose varios años y, de momento, sigue en Mestalla, un estadio cerca del centro. Las entradas pueden comprarse con unas semanas de antelación en la página web. Se ofrecen visitas guiadas por el estadio (p. 95). (Estadio de Mestalla; 963 37 26 26; www.valenciacf.com; av. de Aragón)

### Black Note

MÚSICA EN DIRECTO

17 plano p. 94, D3

El local más activo de Valencia en cuanto a *jazz, boogaloo, funk* y *soul.* Ofrece música en directo hacia la medianoche casi todos los días, además de buenos sonidos enlatados. Es un

Comprender

### Fútbol valenciano

El fútbol es muy importante en Valencia e ir a un partido supone una gran experiencia. Hay dos equipos principales que normalmente juegan en casa los fines de semana alternos, de modo que casi siempre hay partido entre finales de agosto y mediados de mayo. Pueden disputarse en cualquier momento desde la noche del viernes hasta la del lunes, y no se decide hasta un par de semanas antes.

El "hermano mayor" es el Valencia CF, uno de los equipos españoles de mayor éxito en las últimas décadas, ganador de varios trofeos nacionales y europeos. Hace tiempo que se planea su traslado a un nuevo estadio en el noroeste de la ciudad, pero de momento sigue en Mestalla (p. 95), al este del centro. El equipo cuenta con una de las aficiones más fieles del mundo y sus hinchas son famosos por su exigencia. Es tradición que muchos de sus mejores jugadores se hayan formado en la academia del propio club.

El Levante Unión Deportiva cuenta con menos recursos, sufre problemas económicos y ha subido y bajado de categoría varias veces últimamente. Aunque sea el hermano pequeño, es el de más edad, pues se fundó en 1909.

sitio fiable y sólidamente establecido. La entrada, que incluye la primera copa, puede ser gratis o costar hasta 15 €, dependiendo de quién actúe. (www.blacknoteclub.com; calle Polo y Peyrolón 15; 21.00-3.30 lu-sa)

### Wah Wah
MÚSICA EN DIRECTO

18 plano p. 94, E4

Para muchos, sigue siendo la sala de conciertos de referencia en Valencia, sobre todo en cuanto a música *underground* e *indie* internacional, pero también *garage* y *rock* español clásico. Véase la página web. (www.wahwahclub.es; calle Campoamor 52; 22.30-3.00 ju-sa; )

### Sala Matisse
MÚSICA EN DIRECTO

19 plano p. 94, E4

Este evocador bar y sala de conciertos suele ofrecer actuaciones en directo al menos una vez por semana, en su mayoría de *rock* ligero español, aunque también actúan algunos artistas internacionales. (963 55 54 44; www.salamatisse.es; calle Campoamor 60; 22.30-3.30 ma-sa; )

### Levante Unión Deportiva
FÚTBOL

20 plano p. 94, B1

Es el segundo equipo de fútbol de Valencia. En el momento de editar esta guía, se encontraba en segunda división tras unos años en primera. (Estadi Ciutat de València; 902 22 03 04; www.levanteud.com; calle de San Vicente de Paul 44)

### Cines Babel
CINE

21 plano p. 94, D4

Películas exclusivamente en versión original. Hay varias pantallas y una cafetería agradable. Los precios de entrada son más bajos entre semana, con descuentos considerables los miércoles. (963 62 67 05; www.cinesalbatrosbabel.com; calle Vicente Sancho Tello 10; 8,20 €)

### Aragó Cinema
CINE

22 plano p. 94, C4

Este cine clásico, recién reabierto por una cooperativa, ofrece películas de autor en versión original a precios excelentes. (961 36 15 05; www.aragocinema.com; av. del Puerto 1; entradas 3,50-5 €)

## De compras

### Centro Comercial Aqua
CENTRO COMERCIAL

23 plano p. 94, D4

De gran tamaño y cercano a la Ciudad de las Artes y las Ciencias. Además de tiendas de grandes cadenas, como Zara, Mango y Massimo Dutti, cuenta con una zona de restauración, un hotel y un cine. Hay un espacio de juegos para niños con monitores los fines de semana. (963 30 84 29; http://aqua-multiespacio.com; calle de Menorca 19; 10.00-22.00 lu-sa, 10.00-21.00 do; )

Explorar

# Playas de Valencia

Las playas de la ciudad están a 3 km del centro. La playa de las Arenas se une al norte con las playas de la Malvarrosa y de la Patacona, formando una extensión de arena de unos 4 km de largo, flanqueada por el paseo marítimo y una sucesión de restaurantes y cafés. Al sur se encuentra la zona portuaria, renovada para la Copa América 2007, y detrás de ella, el interesante barrio pesquero del Cabanyal.

## Lo mejor en un día

Por la mañana se puede explorar el barrio pesquero del Cabanyal, con una visita al **Mercat Municipal** (p. 104) para ver el ambiente del barrio y un paseo por las calles para admirar la arquitectura local. Luego puede visitarse el **Museo del Arroz** (p. 105), dedicado a uno de los principales cultivos de Valencia, e inspeccionar **Las Atarazanas del Grao** (p. 105). Un almuerzo en la excelente **Bodega Casa Montaña** (p. 105), resulta interesante.

Por la tarde es agradable pasear por la zona portuaria. Luego se recorre a pie todo el paseo marítimo de sur a norte, a lo largo de la **playa de las Arenas** (p. 107), la **playa de la Malvarrosa** (foto izquierda; p. 107) y la **playa de la Patacona** (p. 107). Al llegar a la Patacona, nada como descansar con una cerveza artesana en **Birra & Blues** (p. 109) o un café y un bollo en **La Más Bonita** (p. 108).

El pescado y el marisco frescos son las estrellas del panorama culinario. Se encontrarán a buen precio en **Bar Cabanyal** (p. 108) o **La Lonja del Pescado** (p. 109).

Para pasar un día como un lugareño, véase p. 104.

### Vida local

El Cabanyal (p. 104)

### Lo mejor

**Dónde comer**

Bodega Casa Montaña (p. 105)

Bar Cabanyal (p. 108)

**Museos y galerías**

Museo del Arroz (p. 105)

Las Atarazanas del Grao (p. 105)

**Bares y clubes**

Birra & Blues (p. 109)

Akuarela Playa (p. 109)

**Parques y espacios al aire libre**

Playa de las Arenas (p. 107)

Playa de la Malvarrosa (p. 107)

Playa de la Patacona (p. 107)

Akuarela Playa (p. 109)

### Cómo llegar

**Tranvía** Las líneas 4 y 6 van a los barrios costeros. Desde la red central de metro, la opción más fácil es hacer transbordo en Benimaclet.

**Autobús** Numerosas líneas van a la playa, el puerto y el Cabanyal; las nos 1, 2, y 20 a 23 son algunas de las más útiles.

# Vida local
# El Cabanyal

**El Cabanyal tiene mucho carácter y fachadas interesantes. En el barrio vivían tradicionalmente las familias de pescadores, y aún conserva un ambiente obrero y marítimo. Es agradable dar un paseo tranquilo y quizá parar a tomar unas tapas, pues hay varios locales que merecen la pena.**

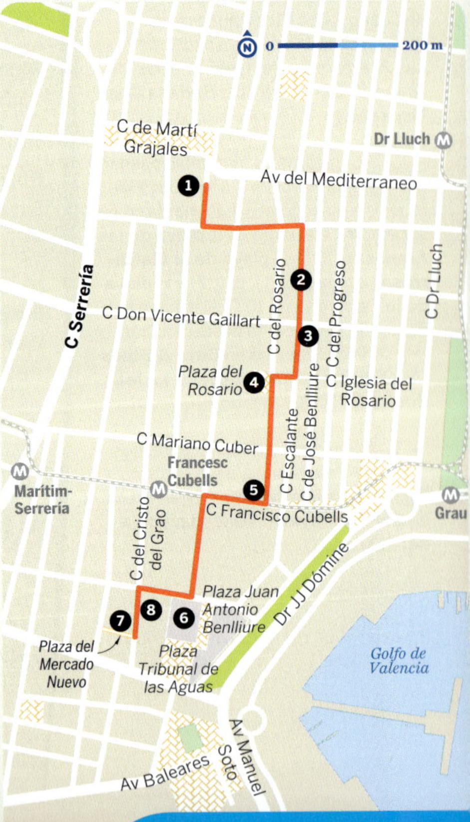


## ❶ Un mercado animado

Un buen punto de partida para explorar la zona es el **Mercat Municipal del Cabanyal** (☎963 44 63 16; www.mercadocabanyal.es; calle de Martí Grajales 4; gratis; ⏰7.00-14.30 lu-sa, más 16.00-20.30 vi). Es un mercado de alimentación muy auténtico y poco turístico. Si se tiene hambre, el bar puede cocinar lo que se haya comprado.

### ❷ Pasear por las callejas

Hay que dirigirse hacia el sureste para llegar al centro del barrio. En las calles pueden verse preciosas casas antiguas, decoradas con azulejos y florituras que son una versión popular de las mansiones modernistas de los barrios pudientes.

### ❸ Taberna histórica

Uno de los establecimientos con más carácter de Valencia, con toneles y ambiente de otra época, es la **Bodega Casa Montaña** (☎963 67 231 4; www.emilianobodega.com; calle de José Benlliure 69; tapas 4-14 €; ⏲13.00-16.00 y 20.00-23.30 lu-vi, 12.30-16.00 y 20.00-23.30 sa, 12.30-16.00 do), fundada en 1836. Tiene una estupenda selección de vinos y una larga lista de tapas, incluidas muchas conservas de pescado y marisco.

### ❹ Plaza del Rosario

Agradable y escondida, es un sitio bonito para sentarse y observar la vida del barrio. Está dominada por la fachada de la iglesia parroquial y hay un teatro municipal.

### ❺ Museo del Arroz

El **Museo del Arroz** (☎963 67 62 91; www.museoarrozvalencia.com; calle del Rosario 3; adultos/niños 2/1 €, do gratis; ⏲9.30-14.00 y 15.00-19.00 ma-sa, 9.30-15.00 do) es un molino de arroz restaurado que da idea de la importancia del cereal cultivado en la cercana Albufera. Un guía muestra la planta de procesamiento, donde resuenan generadores, muelas, ruedas dentadas y correas de transmisión. Es un museo realmente bueno.

### ❻ Almacenes góticos

**Las Atarazanas del Grao** (Les Drassanes del Grau; ☎963 52 54 78; www.valencia.es; plaza Juan Antonio Benlliure; adultos/niños 2/1 €, gratis do; ⏲9.30-14.00 y 15.00-19.00 ma-sa, 10.00-15.00 do) son cinco almacenes paralelos que se construyeron en el s. XIV en estilo gótico. Aunque han sufrido alteraciones considerables con los años, siguen resultando impresionantes. Por dentro, han sido restaurados con primor y acogen exposiciones temporales y una pequeña colección sobre la historia marinera de Valencia.

### ❼ Mercado histórico

El **Mercado Municipal del Grao** (plaza del Mercado Nuevo; ⏲7.30-15.00 lu-sa) presenta un curioso diseño con espacios interiores y exteriores. Merece un vistazo, pues en él se palpa la historia (abrió en 1910) y el ambiente de barrio, pero desgraciadamente la mayoría de los puestos están abandonados.

### ❽ Tapas

Junto al mercado, la **Bodega La Peseta** (☎637 86 05 28; www.facebook.com/bodegalapeseta.elgraovalencia; calle del Cristo del Grao 16; tapas 3-8 €; ⏲8.00-24.00; 📶🍴) combina lo viejo, lo nuevo y lo desenfadado y es una especie de icono alternativo en el Cabanyal. Las bebidas baratas, que se sirven con algo gratis para picar, se complementan con tapas aceptables. Siempre hay clientes en la calle.

A
B
C
D
1
2
3
4
5
0
0,5 km
Reseñas en:
Puntos de interés p. 107
Dónde comer p. 108
Dónde beber p. 109
Ocio p. 109
3 Playa de la Patacona
10
6
Paseo Marítimo de la Patacona
4 Mediterranean Surf School
Av Mare Nostrum
C Gran Canaria
Av Malvarrosa
C de Isabel de Villena
C de Pavia
C San Rafael
2 Playa de la Malvarrosa
Tarongers
Serrería
C Río Tajo
Av Naranjos
La Cadena
Golfo de Valencia
Eugenia Viñes
9
11
C Remonta
C de Serpis
C Luis Peixo
La Marina
C Pintor Ferrandis
C de Eugenia Viñes
Av de Blasco Ibáñez
C Escalante
C Reina
C Pescadores
7
C de L'Alguer
C Ramón Campoamor
C Jose M Haro
5
C de Martí Grajales
Dr Lluch
Les Arenes
Av del Mediterraneo
C de José Benlliure
C del Rosario
C de Barraca
C Santos Justo y Pastor
C Don Vicente Gaillart
C del Progreso
C Dr Lluch
1 Playa de las Arenas
Mediterrani
C Serrería
Plaza del Rosario
12
C Iglesia del Rosario
C de Eugenia Viñes
Neptuno
Paseo de
C Jerónimo de Monsoriu
Marítim-Serrería
Francesc Cubells
8
C Mariano Cuber
AC Park
Grau
Neptú
C Francisco Cubells
Dr JJ Dómine
C del Cristo del Grao
Av del Puerto
C del Menorca
Plaza Juan Antonio Benlliure
Marina Real Juan Carlos I
Plaza del Mercado Nuevo
Plaza Tribunal de las Aguas
Puerto de la Copa América

HESSBECK / SHUTTERSTOCK ©

Playa de las Arenas.

# Puntos de interés

## Playa de las Arenas PLAYA

1 plano p. 106, D4

El tramo clásico de la playa valenciana y el más cercano a la ciudad, flanqueado de hoteles y arrocerías.

## Playa de la Malvarrosa PLAYA

2 plano p. 106, C2

El tramo central de la playa principal.

## Playa de la Patacona PLAYA

3 plano p. 106, C1

El tramo norte de la playa principal de Valencia, bordeado de atractivos restaurantes de moda.

## Mediterranean Surf School SURFING

4 plano p. 106, C1

No hay que esperar grandes olas en Valencia, pero el oleaje suave y el buen tiempo son condiciones ideales para aprender a hacer surf o *paddle* surf. Esta escuela está bien dirigida y tiene clases para niños. (960 72 67 60; www.mediterraneansurfschool.com; av. Mare Nostrum 1; clase 2 h desde 28 €; 10.00-20.00 lu-vi, 9.00-20.00 sa, 9.00-18.00 do; )

# Dónde comer

### Bar Cabanyal PESCADO Y MARISCO €€

5 plano p. 106, B4

Por su situación, frente al mercado en el barrio pesquero tradicional, se esperarían sabores marinos, y así es: el joven y entusiasta equipo ofrece excelentes platos de pescado y marisco a precios muy razonables. El local es alegre y optimista. Horario extendido en verano. (961 33 53 77; www.facebook.com/barcabanyal; calle de Martí Grajales 5; platos 6-13 €; 12.00-16.00 y 19.30-24.00 ju-sa, 12.00-16.00 do)

### La Más Bonita CAFÉ €€

6 plano p. 106, C1

Pintado de color turquesa y blanco, con una situación idílica a pie de playa, tiene asientos cómodos fuera, ambiente *hipster* y un gran interior y patio. Es un sitio encantador para desayunar al sol o tomar *muffins*, tarta de queso y otras delicias a cualquier hora. También hay una terraza en pleno paseo marítimo y un chiringuito en la playa. (961 14 36 11; www.lamasbonita.es; paseo Marítimo de la Patacona 11; bollería 3-7 €, comidas ligeras 6-15 €; 8.00-24.00 do-mi, 8.00-1.30 ju-sa; )

Comprender

### ¡Guerra de tomates!

El festival más pringoso de España tiene lugar a finales de agosto en Buñol, 40 km al oeste de Valencia. **La Tomatina** (www.latomatina.info; entradas 10 €) es una orgía de lanzamiento de tomates que atrae a más de 20 000 personas a una localidad de 9000 habitantes.

A las 11.00, unos camiones vuelcan más de 100 toneladas de tomates maduros para una muchedumbre expectante. Durante una hora, todos se enzarzan en una alegre y anárquica batalla tomatil. Tras quedar completamente cubiertos de pulpa, los bomberos riegan a los participantes con mangueras.

Participar cuesta 10 €. Hay que llevar ropa limpia para cambiarse y, quizá, unas gafas protectoras. Si bien la mayoría de los visitantes acuden desde Valencia solo para la batalla, puede valer la pena dormir en Buñol la noche anterior y la de después. Es la fiesta mayor de la ciudad y hay mucho ambiente, además de conciertos.

La línea C3 de cercanías tiene servicios frecuentes desde Valencia-San Isidro hasta Buñol (3,70 €, 45 min); también hay autobuses (4 €, 1 h). El transporte se refuerza durante la Tomatina, y las oficinas de turismo de Valencia venden paquetes que incluyen la entrada y el transporte.

### La Pascuala

BOCADILLOS €

7 plano p. 106, C4

A una manzana de la playa, este bar de barrio apenas ha cambiado desde los años veinte. Es legendario por sus enormes bocadillos más que generosos. Media Valencia parece estar aquí hacia las 11.00 para tomar un bocado a media mañana. (963 71 38 14; calle de Eugenia Viñes 177; bocadillos 5-6 €; 9.00-15.30 lu-sa)

### Casa Guillermo

TAPAS €€

8 plano p. 106, B5

Pulcro y moderno tras una remodelación reciente, este renombrado local del Cabanyal goza de una reputación estratosférica por sus anchoas, muy sabrosas y muy caras. Otros platos son innovadores, deliciosos y tienen mejor precio. (963 67 91 77; www.casaguillermo1957.com; calle del Progreso 15; tapas 5-16 €; 10.00-15.30 y 19.00-23.30 lu-sa; )

### La Lonja del Pescado

PESCADO Y MARISCO €€

9 plano p. 106, C3

Está a una manzana de la playa de la Malvarrosa, y es concurrido e informal, con mucho ambiente y pescado fresco a precios imbatibles. Hay que hacerse con un formulario de pedido al entrar y rellenarlo en la mesa. El tranvía para delante (parada Eugenia Viñes). (963 55 35 35; www.restaurantelalonjapescadovalencia.com; calle de Eugenia Viñes 243; platos 8-15 €; 13.30-16.00 y 20.30-23.00 ma-do may-sep, 13.30-16.00 y 20.30-23.00 vi y sa, 13.30-16.00 do oct-abr)

## Dónde beber

### Birra & Blues

MICROCERVECERÍA

10 plano p. 106, C1

Sus 10 sabrosas cervezas artesanales se fabrican justo aquí, en la playa de la Patacona, en un local amplio y bonito. También hay un restaurante de pasta. (960 71 34 10; www.birraeblues.com; av. Mare Nostrum 34; 12.00-24.00)

### Akuarela Playa

CLUB

11 plano p. 106, C3

Este enorme espacio ocupa una villa histórica y se amplía aún más en verano, cuando abre la sección al aire libre. Está al lado de la playa y es casi un clásico del estío en Valencia. La música es muy comercial, principalmente pop español y éxitos pachangueros. (664 02 44 15; www.akuarelaplaya.es; calle de Eugenia Viñes 152; 23.45-6.00 ju-do; )

## Ocio

### Teatre El Musical

TEATRO

12 plano p. 106, B5

Situado en el corazón del Cabanyal, ofrece un programa de teatro, conciertos y recitales con participación municipal. Muchos espectáculos son aptos para niños. (962 08 56 91; www.teatreelmusical.es; plaza del Rosario 3; )

Explorar

# Oeste de Valencia

La amplia zona que se extiende al oeste del casco antiguo abarca varios barrios y puntos de interés de diversa índole. En el extremo occidental del cauce del Turia, el zoo Bioparc presenta fauna africana de forma innovadora, mientras que el Museo de Historia recorre el pasado de la ciudad. Varios parques ofrecen una escapada momentánea a la vida urbana.

# Lo mejor en un día

Conviene ir al **Bioparc** (p. 113) por la mañana, antes de que se llene. Se puede llegar dando un paseo por el Jardín del Turia o en transporte público. Hay que disfrutar sin prisas de los relajantes paisajes pseudoafricanos y, luego, dirigirse al **Museo de Historia de Valencia** (p. 113) para conocer el pasado de la ciudad.

Es buena idea almorzar en **El Pederniz** (p. 114), una joya apartada de las rutas turísticas y a la que se llega en transporte público. Por la tarde, se puede dar un paseo por el umbrío **Jardín Botánico** (p. 114) o el **Jardín de las Hespérides** (p. 114), con el que contrasta.

Después del paseo, **La Greta** (p. 115) es una opción atractiva para cenar unas tapas. La noche se puede extender con flamenco en el **Café del Duende** (p. 115) o un concierto en el **Loco Club** (p. 115).

## Lo mejor

### Parques y espacios al aire libre

Bioparc (p. 113)

Jardín Botánico (p. 114)

Jardín de las Hespérides (p. 114)

Parque de Cabecera (p. 119)

### Para niños

Bioparc (p. 113)

Teatro la Estrella (p. 116)

### Valencia LGBT

Nuncadigono (p. 115)

Pub Bubu (p. 115)

### Museos y galerías

Museo de Historia de Valencia (p. 113)

### Dónde comer

El Pederniz (p. 114)

## Cómo llegar

**Autobús** Muchas líneas dan servicio a la zona. Las n$^{os}$ 3 y 29 pasan por el Bioparc.

**Metro/Tranvía** La parada más cercana al Bioparc es Nou d'Octubre, a unos 800 m.

**Bicicleta** Se puede ir fácilmente por el cauce del Turia hasta los puntos de interés del oeste de la zona.

Reseñas en:
Puntos de interés p. 113
Dónde comer p. 114
Dónde beber p. 115
Ocio p. 115
De compras p. 116
A
B
C
D
1
2
3
4
5
0
500 m
Beniferri
Futuro estadio del Valencia CF
Benicalap
Trànsits
Av Dr Peset Aleixandre
C de San Pancracio
Marxalenes
Parque de Marxalenes
C Reus
Av de las Cortes Valencianes
C Amics del Corpus
C Dr Nicasio Benlloch
Av Burjassot
Av General Aviles
C Monestir de Poblet
Av Campanar
Campanar-La Fe
C Padre Ferris
C Joaquín Ballester
C de Ricardo Micó
Av de Pio XII
Av Maestro Rodrigo
Estación de autobuses
Av Menéndez Pidal
Puente de las Artes
Puente de San José
Paseo de la Pechina
C Na Jordana
C del Dr Sanchís Bergón
C Valle de la Ballestera
Puente Ademuz
Jardín de las Hespérides
C de Pere Bonfill
Bio-parc
Av de Pío Baroja
Av de los Tamarindos
Turia
Jardín Botánico
C del Turia
C de Guillem de Castro
Valencia Guías
C Gaspar Bono
C Murillo
Puente de Campanar
Av de Tirso deMolina
Jardín del Turia
Parque de Cabecera
Puente 9 de Octubre
Av San Jose de la Montaña
C Azcárraga
C de Quart
C de Lepanto
Paseo de la Pechina
C Castan Tobenas
C de Valencia
Museo de Historia de Valencia
C de Juan Llorens
C Gabriel Miró
Fernando el Católico
Gran Vía
C Guillem Sorolla
C Brasil
Av Perez Galdos
C de Calixto III
C del Erudito Orellana
Ángel Guimerà
C Salvador Ferrandis Luna
C Ángel Guimerà
Av del Cid
C Linares
C de Buen Orden
C Dr Sanchis Sivera
C Cuenca
Gran Vía Ramón y Cajal
C de San Vicente Mártir
C Músico Ayllón
C Sta Cruz de Tenerife
C Enguera
C San José de Calasanz
Plaza de España
C del Historiador Diago
C Tres Forques
C Tres Forques
C Archiduque Carlos
Av Salavert
C de Jesús
C Albacete
Av Giorgeta
C José María Mortes Lerma
Av Tres Cruces
Pasaje de Ventura Feliú
C de San Vicente Mártir
C Cuenca
Estación Joaquín Sorolla

Bioparc.

# Puntos de interés

## Bioparc
ZOO

1 plano p. 112, A3

Dedicado exclusivamente a la fauna africana, tiene una función educativa y conservacionista y un enfoque poco común. Aunque, como siempre, el confinamiento en espacios reducidos de criaturas como los gorilas suscita controversia, el innovador diseño de los paisajes resulta muy interesante. La ausencia de cercados claramente visibles produce la impresión de que los animales deambulan libres por los distintos hábitats, desde la sabana hasta el ecuador. Los cerdos hormigueros, leopardos e hipopótamos llaman mucho la atención, pero lo más mágico es Madagascar, donde los lémures de grandes ojos retozan alrededor de los pies de la gente entre cascadas y césped. Los fines de semana se abarrota después de las 12.00. (www.bioparcvalencia.es; av. Pío Baroja 3; adultos/niños 24/18 €; 10.00-atardecer; )

## Museo de Historia de Valencia
MUSEO

2 plano p. 112, A3

Está muy bien presentado y recorre más de 2000 años de historia de la ciudad. Cada período está ilustrado con una vitrina, por lo que es algo así como ir de escaparates. Ocupa un evocador espacio con pilares de ladrillo parecido a una cripta, en un depósito de agua del s. XIX. Como de costumbre, se pasa de puntillas por la Guerra Civil, que solo merece 20 líneas a pesar de que Valencia fue capital de la España republicana durante parte de la contienda. Los paneles están en español/valenciano. (963 70 11 78; www.valencia.es; calle de Valencia 42; adultos/niños 2/1 €, gratis do; 9.30-19.00 ma-sa, 9.30-15.00 do)

### Jardín Botánico JARDINES

3 plano p. 112, D3

Fundado en 1802, es el primer jardín botánico de España. Contiene plantas y árboles de gran tamaño, un extenso jardín de cactus y una colonia de gatos asilvestrados. Lo administra la Universidad de Valencia y es un sitio tranquilo y umbrío para relajarse. (www.jardibotanic.org; calle de Quart 80; adultos/niños 2,50/1,50 €; 10.00-atardecer)

Consejo

**Abonos para museos**

Valencia tiene 22 museos municipales; todos cuestan 2 € y son gratuitos los domingos. Por 6 €, se puede entrar a todos ellos durante 3 días. Hay muchas otras entradas combinadas; la oficina de turismo explica todas las opciones.

### Jardín de las Hespérides JARDINES

4 plano p. 112, C3

Esta creación moderna linda con el Jardín Botánico, pero su estilo no podría ser más diferente. Tiene menos espacio verde y presenta la formalidad de un jardín francés clásico, con cipreses, parterres de hierbas y terrazas escalonadas donde se cultivan cítricos. (Paseo de la Pechina; gratis; 10.00-18.00 o 20.00)

### Valencia Guías CIRCUITO EN BICICLETA

5 plano p. 112, C3

Esta empresa ofrece circuitos en bicicleta de 3 h diariamente, en varios idiomas y con salida garantizada (alquiler y tentempié 25 €). Por 5 € adicionales se puede alquilar la bicicleta para el resto del día. (963 85 17 40; www.valenciaguias.com; paseo de la Pechina 32; 9.30-14.30 y 15.00-18.00)

## Dónde comer

### El Pederniz ESPAÑOLA €€

6 plano p. 112, D5

Un recibimiento cordial y mucho entusiasmo crean una buena primera impresión en este restaurante de decoración hogareña, a escasa distancia de la estación del AVE. El pescado y el marisco, la caza y los buenos cortes de carne, todo delicioso, aseguran una experiencia excelente. (963 32 41 06; http://elpederniz.es; pasaje de Ventura Feliu

20; ppales. 11-22 €; 13.30-17.00 y 20.30-23.30 lu-sa; )

### La Greta
TAPAS €

7 plano p. 112, D3

Ofrece un entorno llamativo y original con peculiar diseño *retro*, además de un agradable menú de tapas y platos para compartir, con muchas opciones vegetarianas y bastante influencia libanesa. Raciones generosas y servicio amable. (963 32 24 47; calle de Pere Bonfill 7; platos 4-12 €; 18.00-1.00; )

## Dónde beber

### Pub Bubu
GAY

8 plano p. 112, D3

Quienes lleven tiempo sin afeitarse no tendrán ningún problema en este bar de osos, aunque el ambiente es inclusivo y todo el mundo se sentirá como en casa. (696 60 76 26; www.bubupub.com; calle Botánico 7; 20.00-2.00 ma-ju, 20.00-3.30 vi y sa; )

### Nuncadigono
GAY, CLUB

9 plano p. 112, D3

De día, este bar/club cercano al jardín botánico tiene un ambiente más apto para charlar; pero cuando se pone el sol, el cuarto oscuro, el laberinto, el columpio y las noches nudistas no están diseñados para mucha cháchara. (963 91 60 97; http://nuncadigono.es; calle del Turia 22; 12.00-3.00; )

## Ocio

### Loco Club
MÚSICA EN DIRECTO

10 plano p. 112, C4

Esta veterana y popular sala programa conciertos de grupos y cantantes solistas, normalmente entre el jueves y el sábado. La entrada cuesta de 5 a 20 €, dependiendo del artista. Algunos conciertos son gratuitos para menores de 25 años. (963 51 85 21; www.lococlub.org; calle del Erudito Orellana 12; 20.00-3.00)

### Café del Duende
FLAMENCO

11 plano p. 112, D3

Este local íntimo ofrece espectáculos de flamenco de calidad aceptable y razonablemente auténticos cuatro noches a la semana. Como es bastante pequeño, conviene ponerse en la cola

Comprender

### Horchata

La horchata (*orxata*), especialidad valenciana y delicia veraniega en toda España, es una bebida opaca y azucarada elaborada a base de chufas prensadas (un pequeño tubérculo), en la que suelen mojarse unos bollos alargados llamados *fartons*. Un sitio tradicional para degustarla en el centro es la **Horchatería de Santa Catalina** (p. 30). En el **Mercado de Colón** (p. 71) también hay varias opciones. Un establecimiento más sencillo es la **Horchatería Els Sariers** (p. 96).

antes del inicio para no quedarse sin sitio. (http://cafedelduende.com; calle del Turia 62; entrada 10 € incl. bebida; espectáculos 23.00 ju-sa, 20.00 do; )

### Teatro la Estrella

TEATRO

12 plano p. 112, D3

Los fines de semana ofrece espectáculos de marionetas para familias. El sitio es encantador y se pueden ver algunas marionetas expuestas antes de la función. Hay otra sala en el Cabanyal, cerca de la playa. (Sala Petxina; 963 56 22 92; www.teatrolaestrella.com; calle del Doctor Sanchís Bergón 29; adultos/niños 8/7 €; espectáculos 18.00 sa y do; )

### Teatre Micalet

TEATRO

13 plano p. 112, D4

Amplia oferta cultural, desde música folk hasta teatro de vanguardia, principalmente en valenciano. (963 92 14 82; www.teatremicalet.org; calle del Maestro Palau 3; )

### 16 Toneladas

MÚSICA EN DIRECTO

14 plano p. 112, C2

Espaciosa sala de *rock* en un costado de la estación de autobuses. Ofrece actuaciones en directo regularmente y también funciona como discoteca. (www.16toneladas.com; calle de Ricardo Micó 3; 22.00-6.30; )

Vida local

**El barrio chino**

Ocupa las calles situadas entre y al oeste de la estación del Norte y la estación Joaquín Sorolla. Es un pequeño Chinatown y una zona vagamente sórdida de vicio nocturno. Los aficionados a los paisajes urbanos descarnados lo encontrarán interesante.

## De compras

### 100% Pirata

ROPA

15 plano p. 112, C4

Su colección de ropa femenina desenfadada muestra mucha originalidad, y los diseños se inspiran en la naturaleza y lo multiétnico. Tienen otra tienda en el centro. (963 84 37 65; calle Àngel Guimerà 41; 10.00-21.00 lu-sa)

Comprender

## Breve historia de la ciudad

"Valentia" fue fundada a orillas del río Turia por legionarios romanos licenciados en el 138 a.C., pero aquella primera ciudad fue destruida por Pompeyo en el 75 a.C. durante la guerra sertoriana.

Los árabes convirtieron Valencia en un centro agrícola e industrial: fundaron manufacturas de cerámica, papel, seda y cuero y extendieron la red de acequias por el rico interior agrícola.

La dominación musulmana se interrumpió brevemente en el 1094 con la victoriosa incursión del Cid, legendario caballero castellano. Los ejércitos cristianos de Jaime I retomaron definitivamente la ciudad en 1238 tras un asedio. Los musulmanes se rindieron y decenas de miles fueron desplazados.

La edad de oro llegó en el s. XV y principios del XVI, cuando Valencia era uno de los centros de comercio más importantes del Mediterráneo, lo que generó riqueza y propició edificios magníficos. Sin embargo, la expulsión de judíos y moriscos la despojó de ciudadanos y de sectores importantes de la sociedad. Entretanto, el descubrimiento del Nuevo Mundo tornó la atención de España hacia el Atlántico e inició la preeminencia comercial de Sevilla, acelerando el declive de Valencia. Las dificultades económicas desembocaron en la rebelión de las Germanías, en la que los gremios se enfrentaron a la corona y a la aristocracia.

Siguieron varios siglos difíciles hasta el s. XIX, cuando la economía se reactivó gracias a la industrialización y el lucrativo comercio de cítricos hacia el norte de Europa.

Valencia, leal a la República, fue capital de la España republicana durante parte de la Guerra Civil, después de que el Gobierno abandonase Madrid por temor a que cayese en manos del bando nacional. En los últimos y traumáticos días de la guerra, la ciudad se rindió. Siguió un período de dura represión y pobreza, agravado por las inundaciones de 1949 y 1957, tras las cuales se decidió desviar el Turia lejos del centro. Más tarde, el cauce seco se convirtió en parque.

El regreso de la democracia trajo la semiautonomía regional y una enorme inyección de confianza. Aunque la ciudad cayó en la bancarrota durante la crisis económica mundial, víctima de la corrupción descontrolada y el endeudamiento excesivo, la vitalidad y el optimismo de la vida cotidiana siguen siendo extraordinarios.

# Vida local
# Paseo por el cauce del Turia

## Cómo llegar

El nº 35 sale regularmente desde el este de la estación del Norte y lleva al extremo sur del parque.

**Hay que felicitar a los urbanistas que, cuando desviaron el Turia lejos del centro para evitar inundaciones, decidieron convertir el antiguo cauce en un parque maravilloso en lugar de una carretera de seis carriles. Hoy, a cualquier hora del día, el Turia está lleno de paseadores de perros, corredores, paseantes, enamorados y niños jugando. Es fantástico para sumergirse en la vida cotidiana de Valencia y vale la pena recorrer a pie sus 9 km de longitud.**

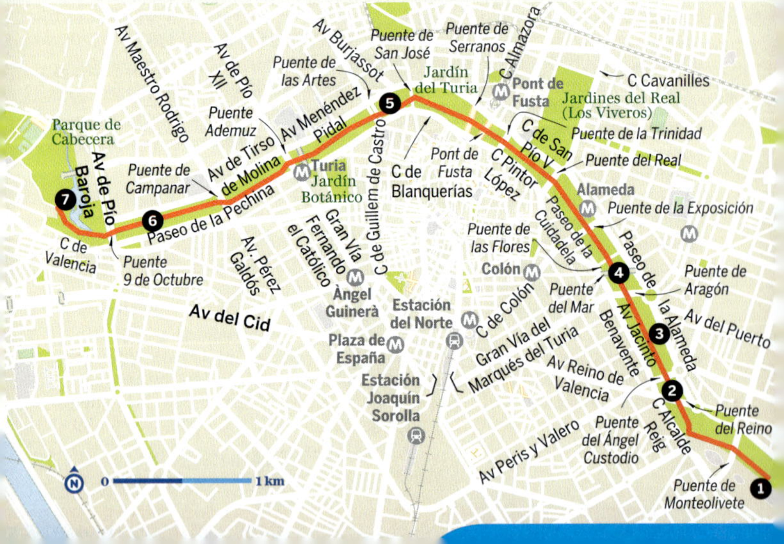

### ❶ Entrar en acción
El paseo comienza en los magníficos edificios de la Ciudad de las Artes y las Ciencias. Aparte de caminar, otras opciones son la bicicleta de alquiler y el circuito para corredores continuo, separado en su mayor parte de los paseantes y equipado con pendientes y jalones. Las máquinas de gimnasia colocadas a intervalos regulares son otra posibilidad para ejercitarse.

### ❷ Gulliver
Aunque el Turia entero podría considerarse el patio de juegos de Valencia, nada es comparable al gigantesco **Gulliver** (Jardín del Turia; gratis; ⌚10.00-20.00 sep-jun, 10.00-14.00 y 17.00-21.00 jul y ago; 👪; 🚌19, 95), que invita a trepar por él. Es un gigante tumbado con cuerdas para escalar, toboganes, etc. Al lado hay un parque de patinaje para los mayores.

### ❸ Palau de la Música
El emblemático **Palau de la Música** (☎963 37 50 20; www.palaudevalencia.com; paseo de la Alameda 30), que se alza sobre el lecho del río, es una sala de conciertos que acoge principalmente recitales de música clásica. El largo tubo de cristal es atractivo, pero debajo suele hacer calor en verano.

### ❹ Puentes bonitos
Entre los antiguos puentes del Turia, uno de los más bellos es el **puente del Mar,** elegante obra renacentista de piedra. Fue encargado en 1591 para reemplazar el de madera, destruido previamente por una inundación. El lugar de honor lo ocupan unos pequeños pabellones con imágenes de la Virgen María y san Pascual Bailón, fraile y místico del s. XVI.

### ❺ El balón ovalado
Aunque el fútbol acapara los titulares, en Valencia existen fervientes seguidores del rugbi y una floreciente liga local. El campo de ubicación más espectacular está en el lecho del río. Si hay partido, es buena idea pararse a verlo; la calidad sorprenderá.

### ❻ Canales
La gestión tradicional del agua es una parte importante de la cultura popular valenciana, y las ocho acequias que partían del Turia para llevar el riego a los huertos son legendarias. En el **azud de Rovella**, una estructura semejante a una presa, puede verse el lugar donde la última acequia, la de Rovella, desviaba el agua de la corriente principal antes de que se modificase el curso del río.

### ❼ Parque urbano
Al final del Jardín del Turia, el **Parque de Cabecera** (gratis; ⌚24 h) contiene un montículo herboso al que subir para contemplar las vistas, además de caminos a lo largo de un arroyo que conecta dos pequeños lagos. Es estupendo para pasear, montar en botes a pedales con forma de cisne y, quizá, oír algún animal africano del contiguo Bioparc.

# Principales puntos de interés
# La Albufera

## Cómo llegar

Los autobuses n.os 14 y 15 llegan a Pinedo todo el año. El nº 25 va a El Saler y El Palmar.

Situada al sur de la ciudad de Valencia, esta laguna y las llanuras circundantes son sinónimos de arroz, agricultura y suelo fértil. En donde se cultiva arroz desde hace mucho tiempo y es el hogar espiritual de la paella y platos similares. Alberga importantes ecosistemas de dunas y humedales y, por su ambiente rural, playas, aves y restaurantes rústicos. Es un lugar fantástico para una escapada al que se puede llegar fácilmente en autobús o bicicleta.

Barcas en los canales de la Albufera.

# Indispensable

## Mirador El Pujol

Aunque no es ningún secreto, no deja de ser un lugar mágico: un embarcadero con muelles que se internan en la laguna principal de la Albufera. Resulta especialmente romántico al atardecer, cuando las garzas reales aletean contra el cielo teñido de rojo. Está en el km 9,5 de la CV-500; el autobús nº 25 a El Palmar para delante.

## Observación de aves

Toda la zona es buena para observar aves: la laguna principal, los humedales pantanosos más pequeños y el litoral. El **Centro de Interpretación Racó de l'Olla** (☎961 62 73 45; www.citma.gva.es; carretera de El Palmar, km 0; gratis; ⏲9.00-14.00), a mano izquierda justo después de tomar el desvío a El Palmar, tiene información sobre las especies y un observatorio de avifauna.

## El Saler

Esta pedanía de la Albufera, con playas largas y dunas donde crecen pinos, resulta agradablemente discreta. Cuenta con *campings*, hoteles, albergues y restaurantes. Se ofrecen paseos en barca por la laguna desde un embarcadero situado al otro lado de un puente de la circunvalación principal.

## El Palmar

Este pueblo agrícola tradicional, el más emblemático de la Albufera, se precia de ser el lugar de nacimiento de los platos de arroz valencianos. Tiene numerosos restaurantes, así que es facilísimo darse un festín de calidad. Las excursiones en barca que salen del lugar suelen visitar un arrozal y dar un paseo por la laguna (20 €/hasta 4 pasajeros aprox.).



## ☑ Consejos

- El arroz es un plato para almorzar. Es buena idea ir a la hora de comer, dar un paseo por la tarde y, al anochecer, observar las aves y la puesta del sol.
- Conviene llevar prismáticos aunque no se sea un entusiasta de las aves.
- Explorar la Albufera en bicicleta es buena opción, pues el terreno es llano y hay un extenso carril bici. La ruta atraviesa Pinedo y llega a El Saler. Generalmente, un carril va paralelo a la carretera y otro, a la playa.

## Una pausa

Hay numerosas arrocerías: **El Sequer de Tonica** (p. 133) es una muy buena opción.

# Principales puntos de interés
# Castillo de Sagunto

## Cómo llegar

La mejor opción desde Valencia son las líneas de cercanías C5 y C6 (3,70 €/trayecto, 30 min, salidas regulares).

Sagunto, 25 km al norte de Valencia, ofrece panoramas espectaculares sobre los naranjales, la costa y hasta las islas Baleares desde el castillo de su cima. Es una buena excursión de un día desde Valencia, aunque el castillo en sí se encuentra en estado ruinoso.

Las largas murallas de piedra del castillo, con una situación majestuosa, ciñen las cumbres gemelas de una colina. A decir verdad, la fortaleza necesita una buena restauración; hoy en día sirve para pasear entre las ruinas y admirar las vistas más que para aprender mucha historia.

Piedras grabadas en el castillo de Sagunto.

## Indispensable

### Una larga historia
La historia de Sagunto comenzó con una próspera ciudad ibera llamada Arse. En el 219 a.C. Aníbal la destruyó, desencadenando la Segunda Guerra Púnica. Roma venció, reconstruyó la ciudad y la renombró Saguntum. Los árabes dieron al castillo su forma actual; más tarde fue embellecido por los cristianos y disputado durante la Guerra de la Independencia.

### Cima oriental
La ciudad romana estaba sobre la cima este, y alrededor de las ruinas excavadas del foro se ven las escaleras y los cimientos de un templo republicano. Esta zona es la plaza de Armas, corazón del castillo medieval. Desde allí, la puerta de Almenara conduce al recinto fortificado oriental.

### Inscripciones en piedra
Entre ambas colinas, el Museo de Epigrafía reúne una colección de piedras grabadas descubiertas en el yacimiento. Hay inscripciones funerarias y honorarias, capiteles de columnas y algunas lápidas medievales con inscripciones en hebreo.

### Cima occidental
Es donde se encontraba la ciudad ibera original, aunque la mayor parte de lo que se ve hoy son fortificaciones de los ss. XVIII y XIX. Lo más impresionante es un baluarte particularmente robusto. Las vistas emocionan.

### Teatro restaurado
Por debajo del castillo, puede visitarse el teatro romano. Una restauración excesivamente entusiasta ha dado como resultado un edificio gigantesco que carece de ambiente histórico.

entrada gratis

10.00-18.00 o 20.00 ma-sa, 10.00-14.00 do

### ☑ Consejos
▶ Hay pocos sitios destacables para alojarse en Sagunto, y la mayor parte del alojamiento se concentra en la zona portuaria y playera (Puerto de Sagunto) 5 km al este.

### Una pausa
Hay muchos restaurantes, varios de ellos bastante aceptables, en la carretera que sube al castillo desde la Plaza Mayor. No hay comida ni tentempiés en el propio castillo.

# Principales puntos de interés
# Xàtiva

## Cómo llegar

La línea C2 de cercanías enlaza Xàtiva con Valencia (4,35 €, 40 min, cada ½ h). Casi todos los trenes Valencia-Madrid también paran en Xàtiva, pero son más caros.

Este amplio castillo resulta interesante para una excursión de un día desde Valencia, pues ofrece mucha historia y vistas impresionantes. Aunque muy modificado a lo largo de los años, las capas de historia son evidentes e impera un atractivo aire mediterráneo, con piedra bañada por el sol, olivos y pinos sobre la cima rocosa. En general, hay buena información por todo el recinto.

Puerta principal, Xàtiva.

## Indispensable

### Castillo Menor
Situado por encima y detrás del visitante según entra, es la parte más antigua del castillo: fue una fortificación ibera antes de ser controlada por los cartagineses y, más tarde, por los romanos. Aníbal tomó la fortaleza y las fuentes indican que su esposa, la princesa Imilce, dio a luz a su hijo en el lugar. El baluarte posee una puerta gótica, almenas medievales y algunas reformas del s. xx.

### Castillo Mayor
Los romanos lo fortificaron por primera vez y lo conectaron con el Castillo Menor mediante murallas. Si hoy parece grande, hay que imaginarlo a tamaño completo hace 300 años. Por desgracia, en 1748 un terremoto lo dañó y nunca se recuperó del todo.

### Capilla de Santa María
En el centro de esta bonita capilla gótica –una reconstrucción del s. xv– se encuentra la tumba de Jaime II, conde de Urgel, que murió en las mazmorras del castillo en 1433.

### Prisión
La celda donde falleció el conde de Urgel es uno de los espacios más evocadores del castillo, una mazmorra abovedada con gruesos muros.

### Torre de la Fe
El punto más alto del castillo ofrece vistas impresionantes por ambos lados y era el corazón del castillo superior. Desde allí, la cresta de la montaña continúa hasta una atalaya en ruinas.



adultos/niños 2,40/1,20 €

10.00-18.00 ma-do nov-mar, 10.00-19.00 ma-do abr-oct

### Consejos

- Hay que llevar sombrero y agua, pues el castillo está expuesto al sol. Se venden bebidas en el lugar.
- El ascenso desde la ciudad al castillo es largo, pero agradable. Si no se quiere andar, hay taxis y un tren turístico que sube un par de veces diarias desde la oficina de turismo.

### Una pausa

En el casco antiguo, **Picaeta de Carmeta** (619 51 19 71; plaça del Mercat 19; platos 6-16 €; 13.30-18.00 ma-ju y do, 13.30-18.00 y 20.30-1.30 vi y sa) es atractivo para tomar unas tapas.

**Casa la Abuela** (962 27 05 25; www.casalaabuelaxativa.es; calle de la Reina 17; ppales. 12-23 €; 13.30-16.00 y 20.30-23.00 lu, ma y ju-sa, 13.30-16.00 do) sirve comida tradicional valenciana.

# Lo mejor de Valencia

## Los mejores paseos



## Lo mejor



Mosaico en la estación del Norte (p. 28)

# Los mejores paseos
# Centro histórico

## El paseo

Este recorrido rápido pasa por los principales monumentos y puntos de interés del casco antiguo, además de otros edificios interesantes. Abarca tanto el norte como el sur de la ciudad vieja y una incursión en el barrio del Carmen. Está concebido como un paseo para orientarse, y podría ocupar fácilmente un día o dos si se exploran todos los puntos.

**Inicio** Plaza del Ayuntamiento

**Final** Plaza de la Reina

**Distancia** 2,7 km; 1 h

## Una pausa

Hay muchos sitios donde tomar algo durante la ruta. **Sant Jaume** (p. 52) ofrece ambiente local y una agradable terraza.

Plaza del Ayuntamiento (p. 130).

### ❶ Plaza del Ayuntamiento

Esta plaza (foto abajo) está flanqueada de nobles edificios oficiales, como el **ayuntamiento** (p. 28). Es el núcleo municipal de Valencia y una flecha que apunta al centro de la ciudad medieval.

### ❷ Mercado Central

Continuando por la av. María Cristina, se encontrarán dos edificios muy importantes uno frente a otro. El **Mercado Central** (p. 40) ocupa un glorioso edificio modernista.

### ❸ La Lonja

Esta obra maestra del gótico (p. 42) fue otro importante centro de comercio. Posee tallas muy interesantes y una impresionante sala con columnas.

### ❹ Plaza del Tossal

Siguiendo por la calle de Bolsería se llega a la plaza del Tossal. Desde allí, la calle Baja, una importante vía medieval, serpentea hasta el centro del barrio del Carmen.

## ❺ Torres de Serranos

La calle Baja lleva a la plaza del Carmen. Desde allí, la calle Roteros –repleta de locales de tapas– sale hacia el este y conduce a las **Torres de Serranos** (p. 58), que fueron puerta de la muralla y hoy están exentas.

## ❻ Jardín del Turia

Al otro lado de las torres, el puente de Serranos cruza un río que ya no existe: el **Turia** (p. 95) fue desviado en el s. XX y es hoy un fabuloso parque (véase p. 118).

## ❼ Calle de Caballeros

Hay que volver a cruzar la puerta y bajar por la calle de Serranos hasta la calle de Caballeros, que está bordeada de palacios y mansiones. Esta zona está dominada por el **Palau de la Generalitat** (p. 48).

## ❽ Plaza de la Virgen

La calle desemboca en la ancha **plaza de la Virgen** (p. 47), que cuenta con una famosa fuente y una importante iglesia. Es aquí donde los valencianos se reúnen al caer la tarde; "quedamos en la fuente" es el inicio típico de una noche de marcha.

## ❾ Catedral

Al sur se encuentran la plaza de la Reina y la entrada de la **catedral** (p. 36) dominada por el **Miguelete** (p. 39), el emblemático campanario.

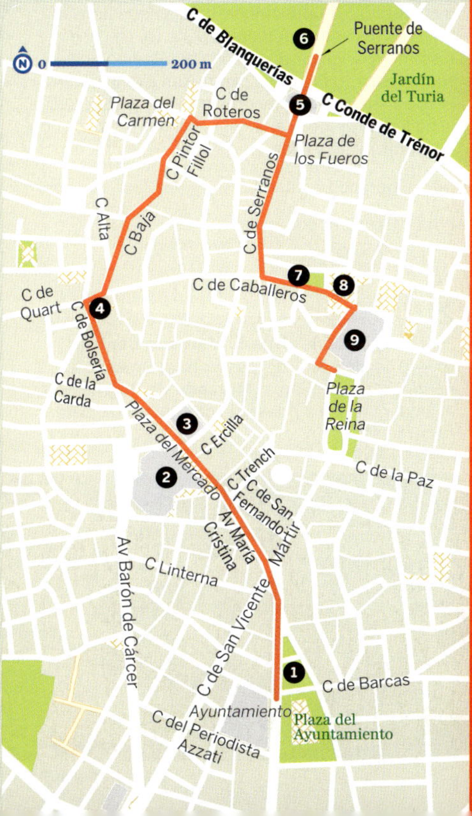

# Los mejores paseos
# Paseo modernista

## El paseo

Este paseo abarca los principales edificios modernistas de Valencia. Si Barcelona fue la capital de este estilo arquitectónico catalán que floreció a finales del s. XIX y principios del s. XX, no cabe duda de que Valencia ocupaba el segundo puesto. Numerosos edificios del centro son ejemplos impresionantes del modernismo, y muchos otros le hacen un guiño al animar sus líneas sobrias con florituras inesperadas.

**Inicio** Mercado Central

**Final** Mercado Central

**Distancia** 3,25 km; 1½ h

## Una pausa

Hay mucho donde elegir. El **Mercado Central** (p. 40), inicio y final del paseo, tiene un bar estupendo. Por el camino, el **Mercado de Colón** (p. 74) es una maravilla modernista con sitios chic para beber y picar algo.

FILIPPO MARIA BIANCHI / GETTY IMAGES ©

Mercado Central (p. 40).

### ❶ Mercado Central

Se comienza curioseando por el Mercado Central (foto abajo; p. 40), uno de los edificios modernistas más importantes de la ciudad.

### ❷ Calle Ramilletes

Luego se admira la fachada ornamentada –con pilastras góticas sobre alegorías de la fertilidad– sita en la **calle Ramilletes, 1**.

### ❸ Plaza del Ayuntamiento

Se sigue la av. María Cristina hasta la **plaza del Ayuntamiento,** donde se encuentra el **ayuntamiento** (p. 28) y la **oficina central de correos,** edificio neoclásico de la década de 1920. Dentro, cabe admirar la magnífica cúpula de vidrio emplomado.

### ❹ Estación del Norte

Al final de la calle Ribera, hay que desviarse a la bonita **estación del Norte** (p. 28), que conserva las ventanillas modernistas originales.

## ❺ Casa Ortega

Se continúa por la calle de Russafa y se tuerce a la izquierda para ver la **Casa Ortega** (Gran Vía 9), con un balcón sustentado por un par de atlantes.

## ❻ Calle de Cirilo Amorós

Se gira a la izquierda por la calle de Félix Pizcueta y luego a la derecha por la **calle de Cirilo Amorós**. Mirando hacia arriba, se apreciará cada edificio. Hay que detenerse en la **Casa Ferrer** (nº 29), decorada con azulejos.

## ❼ Mercado de Colón

El resplandeciente **Mercado de Colón** (p. 74) es un sitio chic para beber algo entre gloria modernista.

## ❽ Casa del Dragón

Hacia el noroeste, la **Casa del Dragón** (Calle de Jorge Juan 3) está decorada con motivos de dragones.

## ❾ Calle de la Paz

Se cruza la calle de Colón, se tuerce a la derecha por Poeta Quintana y se entra en la calle de la Paz. En el s. XIX, el Hotel Vincci Palace (Hotel Palace) era el más lujoso de Valencia. En la esquina de la calle de las Comedias, el nº 21-23 posee magníficas ventanas y balcones y un mirador con columnas. Al final de la calle de la Paz, hay que girar a la izquierda por la calle Trench para regresar al Mercado Central.

# Lo mejor
# Comida

Valencia posee una fabulosa cultura gastronómica que combina ingredientes locales de alta calidad, influencias de todo el Mediterráneo y técnicas españolas modernas e innovadoras. Tanto si se catan las últimas tapas de vanguardia como si se engulle un sustancioso arroz de una cocina tradicional, comer fuera siempre es un placer.

MARZIA GIACOBBE / GETTY IMAGES ©

## Arroz

La especialidad más famosa de Valencia son los platos de arroz, que incluyen la paella pero no se limitan a ella. La variedad es increíble; pueden llevar todo tipo de ingredientes, desde nabo hasta caracoles y langosta. Los valencianos son muy exigentes con los arroces y juzgan la calidad del *socarrat* como si de un vino añejo se tratase.

## Tapas

La cultura de las tapas es floreciente y la calidad de estos platos es asombrosamente alta. A diferencia de otras partes de España, los valencianos tienden a sentarse y pedir tapas en la mesa, así que muchos "bares de tapas" tienen más ambiente de restaurante que de bar.

## Dónde comer

En el centro existen numerosos establecimientos tradicionales y locales de tapas a la moda. Las principales zonas para comer son el barrio del Carmen, L'Eixample y, sobre todo, la zona de tapeo de Russafa.

## La huerta

Valencia está rodeada por su famosa huerta, una fértil llanura aluvial costera llena de huertos que se riegan mediante un sistema de canales diseñado por los árabes. Es fuente de orgullo para los valencianos y abastece a la ciudad de deliciosos productos frescos, especialmente hortalizas, cítricos y arroz.

## Para cenar

**El Poblet** El restaurante valenciano de Quique Dacosta ofrece gastronomía de primera a precios justos. (p. 29)

**Ricard Camarena** Impresionante cocina moderna a cargo del chef más destacado de la ciudad. (p. 81)

**Refugio** Agradable cocina de fusión a precios asequibles en un bistró sencillo. (p. 59)

**La Salvaora** Elegante local con versiones creativas de clásicos españoles. (p. 50)

**Navarro** Fantástico para comer arroz desde hace varias generaciones. (p. 29)

**La Gallineta** Cocina de mercado con una carta breve, pero contundente, de sabores de temporada. (p. 72)

**El Encuentro** Cocina típica española con excelentes platos de cuchara. (p. 29)

**Lienzo** Técnica y presentación sorprendentes en un espacio moderno. (p. 50)

**El Pederniz** Sus platos de carne y de caza son fantásticos. (p. 114)

**Balansiya** Excelente cocina norteafricana en un entorno bonito y relajante. (p. 96)

**Alma del Temple** Menús gastronómicos de degustación en un espacio atractivo y llamativo. (p. 50)

## Tapas

**Bodega Casa Montaña** Vieja bodega con mucho carácter y sensacionales tapas de pescado y marisco. (p. 105)

**Canalla Bistro** Creativas tapas de fusión a cargo de un chef famoso. (p. 83)

**Delicat** Una pareja cordial prepara sabrosos surtidos de tapas. (p. 49)

**Bar Cabanyal** Local joven con excelentes sabores marinos. (p. 108)

**La Pilareta** Los mejillones de este bar anclado en el tiempo son merecidamente famosos. (p. 50)

**El Tap** Tapas originales y sofisticadas a buen precio en el barrio del Carmen. (p. 59)

**El Rodamón de Russafa** Para viajar por el mundo de tapa en tapa. (p. 79)

**Tanto Monta** Legendario en la zona estudiantil por sus montaditos. (p. 96)

**Vuelve Carolina** Creaciones inventivas preparadas en una cocina abierta. (p. 29)

**Tasca Ángel** Local sin complicaciones conocido por sus sardinas a la plancha: deliciosas. (p. 51)

## Vegetarianos

**La Casa di Sophia** Colorido y saludable, cerca del mercado, con muchas opciones vegetarianas. (p. 49)

**Naturé** Presentación sofisticada y comida vegetariana deliciosa con ingredientes ecológicos. (p. 73)

**Copenhagen** Luminoso y alegre, en el centro de Russafa. (p. 83)

**La Lluna** Un vegetariano de la vieja escuela que no ha perdido fuelle. (p. 60)

**La Tastaolletes** Tapas y comidas vegetarianas creativas, en un entorno moderno. (p. 60)

**Cinnamon** Espacio diminuto que produce platos deliciosamente creativos, con opciones vegetarianas aceptables. (p. 50)

### Merece la pena

Ir a la Albufera para comer un arroz en el sitio donde se cultiva es una tradición valenciana. Uno de los lugares más recomendables es **El Sequer de Tonica** (961 62 02 24; www.elsequerdetonica.com; calle Redolins 85, El Palmar; arroces 8-13 € por persona; 10.00-19.00 do, lu, mi y ju, 10.00-23.00 vi y sa; ), al final de la calle principal de El Palmar, que prepara deliciosos arroces con pato.

# Lo mejor
# Museos y galerías

Como corresponde a una ciudad de su tamaño, Valencia cuenta con numerosos museos dedicados a su historia, industrias, fiestas y otros aspectos. Algunos ofrecen una excelente visión de conjunto del arte español a lo largo de los siglos. Muchos ocupan edificios interesantes, y se puede llegar a la mayoría de ellos a pie desde el centro.

KRZYSZTOF DYDYNSKI / GETTY IMAGES ©

## Exposiciones temporales

Uno de los puntos fuertes de Valencia es la cantidad de espacios que atraen exposiciones temporales excelentes. Aunque sin llegar al nivel de Barcelona o Madrid, siempre hay alguna propuesta interesante. Vale la pena consultar la oferta actual en la oficina de turismo o por internet.

## Museos municipales

Existen unas dos docenas de museos municipales. Todos cuestan 2 € y son gratuitos los domingos. Una entrada combinada de 6 € permite acceder a todos ellos durante tres días. Hay muchos otros tipos de entradas combinadas; la oficina de turismo explica todas las opciones.

## Un paseo por la historia

Uno de los encantos de los museos valencianos es la serie de edificios históricos que los albergan, desde monasterios hasta un molino arrocero. A menudo, admirar la venerable arquitectura constituye la mitad del interés.

## Museos peculiares

No hay que dejarse engañar por los nombres, en apariencia poco interesantes, de algunos museos menores: los dedicados a la etnología, el arroz y las figuras falleras son fascinantes.

## Museos

**Museo de las Ciencias Príncipe Felipe** Muy interactivo, ocupa un destacado edificio moderno. (foto arriba; p. 67)

**Museo Nacional de Cerámica** Museo excelente en un palacio suntuoso, dedicado a la importante industria valenciana de la cerámica. (foto arriba dcha.; p. 27)

**La Almoina** Bajo el casco antiguo se despliegan varias capas de historia. (p. 47)

**Museo de Etnología** Visual y conceptual, es agradable a la vista y muy divertido. (p. 58)

**Museo de Historia de Valencia** Muestra la evolución histórica de Valencia en una romántica cisterna con bóveda de ladrillo. (p. 113)

JULIAN ELLIOTT ETHEREAL LIGHT / GETTY IMAGES ©

Museo Nacional de Cerámica (p. 27).

**Museo del Arroz** En un antiguo molino arrocero, se explica todo sobre la producción de este cereal. (p. 105)

**Museo Fallero** Exhibe las esculturas salvadas cada año de las Fallas. (p. 72)

**Ayuntamiento** Este impresionante edificio municipal alberga un museo de historia de la ciudad. (p. 28)

**L'Iber** Un museo fuera de lo común por su increíble colección de soldaditos de plomo. (p. 58)

**Baños del Almirante** Baños de estilo árabe construidos en el s. XIV. (p. 48)

## Galerías y salas de exposición

**Museo de Bellas Artes** La principal pinacoteca de Valencia, con una gran selección de cuadros españoles. (p. 90)

**Museo del Patriarca** Pequeño pero excelente, alberga una espectacular colección de arte del s. XVI. (p. 24)

**Institut Valencià d'Art Modern** Importante galería de arte contemporáneo, con una impresionante colección permanente y exposiciones itinerantes. (p. 57)

**Almudín** Este enorme granero del s. XV acoge exposiciones, aunque el edificio en sí merece una visita. (p. 48)

**Centro Cultural Bancaja** La fundación cultural del banco organiza exposiciones de arte excelentes y gratuitas. (p. 48)

**Centro del Carmen** El claustro de un antiguo monasterio es un espacio atractivo para exposiciones temporales. (p. 58)

**Centro Cultural La Nau** Exposiciones interesantes en un viejo edificio universitario del centro. (p. 28)

**Luis Adelantado** Galería céntrica con exposiciones elegantes y bien organizadas. (p. 28)

**Las Atarazanas del Grao** Estos almacenes góticos cercanos al puerto son una bonita sede para exposiciones. (p. 105)

**Sporting Club Russafa** Una galería poco corriente, típica del estilo bohemio de Russafa. (p. 81)

# Lo mejor
# Bares y clubes

La vida nocturna de Valencia es vibrante y polifacética, y se anima mucho los fines de semana y las tardes de verano. Russafa y el barrio del Carmen son dos de las principales zonas de bares; el área universitaria también se activa de noche. En verano, gran parte de la marcha se traslada a los barrios de la playa. Normalmente se empieza a beber en los cafés-bar, y las discotecas no se animan hasta la 1.00 o más tarde.

GREG ELMS / GETTY IMAGES ©

## Barrio del Carmen

Entre semana está tranquilo, pero las persianas se levantan los fines de semana por la tarde para revelar un sinfín de bares pequeños. Es fácil encontrar buenas cafeterías en cualquier momento. La calle de Caballeros, que es la principal, bulle de gente el fin de semana.

## Russafa

Es la mejor zona de bares y tiene una variedad enorme, desde cafés culturales aptos para familias hasta bares estrafalarios y un par de discotecas grandes. En general, es un sitio para tomarse unas cervezas por la tarde o unas copas después de cenar más que para salir de marcha salvaje toda la noche.

## El noreste

La zona universitaria, sobre todo en torno a las avenidas de Aragón y Blasco Ibáñez, tiene suficientes bares y discotecas para divertirse toda la noche. No solo hay estudiantes; también es la principal zona de locales nocturnos los fines de semana. Tradicionalmente, la noche de los jueves es cuando los universitarios salen de marcha. Benimaclet cuenta con interesantes opciones alternativas.

## La playa

Muchos restaurantes a pie de playa son también cafés y bares –ideales para tomar algo a cualquier hora– y suelen abrir tarde en verano. Casi toda la acción nocturna se traslada a esta zona en los meses más soleados; hay unas cuantas discotecas a una manzana de la playa y alrededor de su extremo sur.

## Bares y cafés

**Chico Ostra** Excelente bar de Benimaclet con eventos culturales y buena actitud. (p. 93)

**Café Negrito** Fantástico café-bar con conciencia social en una plaza escondida. (p. 52)

**La Fusteria** Destaca entre los muchos bares de Russafa por su ambiente agradable y original. (p. 84)

**Jimmy Glass** Uno de nuestros bares favoritos de Valencia, con luz tenue y *jazz*. (p. 61)

**Tyris on Tap** Excelente cerveza artesanal en un moderno entorno industrial. (p. 52)

**Ubik Café** Acogedor café, bar y librería para pasar un rato confortable. (p. 84)

**Sant Jaume** Diminuto bar con una terraza estupenda. (p. 52)

**Lotelito** Chic industrial e iluminación ambiental: un sitio elegante para tomar un cóctel. (p. 30)

**Café Tocado** Romántico y ricamente decorado, con un cabaré al lado. (p. 85)

**La Salamandra** Un clásico del barrio, en una esquina de la animada plaza Xúquer. (p. 98)

**Café Museu** Un punto de referencia para los bohemios en pleno barrio del Carmen. (p. 62)

**Café Tertulia** Excelente café y buenos *gin-tonics* en un local venerable remodelado. (p. 61)

**Aquarium** Establecimiento legendario a la antigua usanza, para un café mañanero o una bebida a cualquier hora. (p. 73)

**Mercado de Colón** Se puede tomar un trago entre la elegancia de esta joya modernista. (p. 74)

**Café de las Horas** El extravagante interior barroco le da mucho carácter. (p. 52)

**Slaughterhouse** Esta antigua carnicería es hoy un lugar de reunión. (p. 84)

**Café Bla Bla** El local más serio y elegante de la zona de marcha estudiantil, con buen café y combinados. (p. 98)

**La Gramola** Bebidas bien mezcladas y música bien escogida en Benimaclet. (p. 93)

**Birra & Blues** Cervecería artesanal junto a la playa, perfecta tras un día de sol y arena. (p. 109)

**Café Infanta** Un clásico de la plaza del Tossal por su interior evocador y excelente terraza. (p. 52)

**Las Ánimas** Elegante y espaciosa coctelería en el corazón de la zona comercial. (p. 74)

## Clubes

**L'Umbracle Terraza/ Mya** Un marco asombroso para tomar algo al aire libre, con una moderna discoteca abajo. (p. 73)

**Radio City** Eventos diversos y DJ o música en directo todas las noches. (p. 52)

**Akuarela Playa** Uno de los principales locales nocturnos de la costa en verano. (p. 109)

**Piccadilly Downtown Club** Una opción atractiva para bailar en Russafa. (p. 79)

**Deseo 54** Popular discoteca frecuentada por gente joven y diversa. (p. 99)

**Calcatta** Un local céntrico de confianza para bailar un poco. (p. 53)

# Lo mejor
# Para niños

Es fácil ir con niños a Valencia. Los hoteles están acostumbrados a que les pidan camas extras y a menudo disponen de habitaciones conectadas o suites familiares. Los numerosos apartamentos de alquiler son otra opción práctica. Las playas son un gran reclamo, e ir a ellas en tranvía resulta divertido. Otro gran patio de recreo, todo el año, son los 9 km del antiguo cauce del Turia.

**Bioparc** Innovador zoo que recrea paisajes africanos y permite acercarse a los animales. (p. 113)

**Oceanogràfic** Enorme acuario dividido en zonas climáticas; fascinará a la familia durante horas. (en la imagen; p. 71)

**Museo de las Ciencias Príncipe Felipe** Interactivo y fabuloso para niños de 12 años en adelante. (p. 67)

**Hemisfèric** Ocio familiar de primera: planetario, cine IMAX y espectáculo láser. (p. 67)

**Jardín del Turia** Parque de 9 km sin tráfico, con muchos niños y sitios para jugar. (p. 95)

**Gulliver** Los más pequeños podrán trepar por este gigante tumbado y deslizarse por los toboganes. (p. 119)

**Playa de las Arenas** La playa de más fácil acceso, muy frecuentada por familias. (p. 107)

**Valencia Club de Fútbol** Se puede llevar a los niños a ver uno de los equipos más importantes de España. (p. 100)

**Teatro la Estrella** Encantadores espectáculos de marionetas los fines de semana. (p. 116)

**Valencia Basket Club** La liga española de baloncesto, poco visitada por extranjeros, da para una tarde divertida en familia. (p. 74)

CULTURA TRAVEL / UBACH / DE LA RIVA / GETTY IMAGES ©

## ☑ Consejos

- Los diversos recintos de la Ciudad de las Artes y las Ciencias ofrecen mucha diversión, pero distan de ser gratuitos. Consúltense las diferentes entradas familiares y combinadas, a la venta en internet.

# Lo mejor
# Música en directo y teatro

Valencia tiene una amplia oferta de artes escénicas, con mucha actividad teatral y dos salas de conciertos excelentes por su arquitectura y acústica. También hay una activa cultura de música en directo en locales pequeños, desde flamenco hasta *boogaloo* y *garage*. Varias revistas disponibles en oficinas de turismo y quioscos, como *Hello* y *Cartelera Turia*, informan sobre los eventos.

**Palau de les Arts Reina Sofía** Este extraordinario edificio de Calatrava acoge sobre todo ópera, pero también música clásica. (p. 74)

**Black Note** Popular y consolidada sala de *jazz, funk, soul,* etc. en directo. (p. 100)

**Microteatre València** Innovador y divertido, presenta obras cortas en espacios pequeños en plena zona de tapeo de Russafa. (p. 86)

**Wah Wah** El local de música alternativa favorito de muchos, toda una leyenda de la noche. (p. 101)

**Espacio Inestable** Oculto en el noreste del casco antiguo, ofrece fantásticos espectáculos de danza y movimiento. (p. 53)

**Teatro Principal** Como su nombre indica, es uno de los teatros más importantes de Valencia. (en la imagen; p. 32)

**Loco Club** Local de confianza con un sólido programa de conciertos de artistas nacionales e internacionales. (p. 115)

**Café del Duende** La mejor sala de flamenco de Valencia, pequeña e íntima. (p. 115)

**Palau de la Música** En pleno "río", tiene un buen programa, principalmente de recitales de música clásica. (p. 119)

**16 Toneladas** Junto a la estación de autobuses, ofrece conciertos de *rock* y también es discoteca. (p. 116)

**Sala Matisse** Conciertos de grupos nacionales e internacionales, sobre todo en el espectro del *rock*. (p. 101)

**Teatro la Estrella** Espectáculos de marionetas para familias los fines de semana. (p. 116)

**Teatre El Musical** En el barrio pesquero del Cabanyal, ofrece conciertos periódicos y un programa de teatro municipal. (p. 109)

MANUEL QUEIMADELOS ALONSO / GETTY IMAGES ©

# Lo mejor
# Compras

El sur del casco antiguo es la principal zona comercial; alberga unos grandes almacenes rodeados de calles abarrotadas de las tiendas más diversas. Esta zona se funde con L'Eixample, donde los alrededores del Mercado de Colón están repletos de *boutiques* de alta gama, charcuterías, chocolaterías y otros comercios interesantes.

### Compras alternativas

En los márgenes de las zonas principales, se encontrarán comercios menos convencionales. Por ejemplo, las calles de Russafa están llenas de tiendas de ropa *hipster*, moda *vintage* y *boutiques* originales. Dentro del casco antiguo, en el barrio del Carmen y en las calles cercanas al Mercado Central hay tiendecitas fascinantes. El noreste, alrededor de las universidades, también es terreno fértil para las tiendas de ropa alternativa y *vintage*.

### Qué comprar

Todas las grandes marcas españolas de ropa están presentes en Valencia, pero también hay lugar para la moda y los accesorios de diseñadores locales. La comida y el vino siempre tientan, y los mercados se ofrecen a envasar sus productos al vacío. Una pieza única, como una porcelana de Lladró o un abanico pintado a mano, puede ser un recuerdo especial.

## Comida y bebida

**Mercado Central** En el centro, fabuloso para comprar productos frescos. (foto arriba dcha.; p. 40)

**Mercat Municipal del Cabanyal** Mercado cubierto tradicional con comestibles de alta calidad. (p. 104)

CULTURA TRAVEL / UBACH / DE LA RIVA / GETTY IMAGES ©

**Bodegas Baviera** Maravillosa tienda de vino con mucho carácter. (p. 53)

**Trufas Martínez** Históricas trufas de chocolate, legendarias en la ciudad. (p. 75)

**Envinarte** Ropa y vino comparten espacio en esta peculiar tienda. (p. 53)

**Cacao Sampaka** Delicias de chocolate oscuro e intenso, también en versión líquida. (p. 75)

## Alternativo y 'vintage'

**Madame Mim** Excelente moda *vintage* y artículos curiosos. (p. 86)

**Chic Market** Interesante espacio con puestos diversos. (p. 62)

**Kauf Vintage** Una de las tiendas *vintage* más

ANDREI RYBACHUK / SHUTTERSTOCK ©

Mercado Central (p. 40).

queridas de Valencia. (p. 87)

**Luna Nera** Evocadora tienda con ropa y accesorios de estilo *vintage* para mujer. (p. 62)

**Place** Espacio creativo con múltiples puestos. (p. 75)

**Paranoid** Para diseñar una camiseta o comprar un extraño instrumento electrónico. (p. 87)

## 'Boutiques' y ropa

**Sombreros Albero** Sombrerería tradicional. (p. 32)

**Linda Vuela A Río** Perfumería de primera categoría con exquisitos aromas del mundo. (p. 75)

**Lladró** Famosas esculturas valencianas de porcelana. (p. 33)

**Madame Bugalú** Moda femenina estilosa y desenfadada. (p. 53)

**Nichi Seijo** Zapatería valenciana de alta calidad. (p. 75)

**100% Pirata** Ropa ecléctica, estilosa y alegre para mujer. (p. 116)

**Trendy Room** Zapatillas deportivas, accesorios para hombre y más. (p. 87)

**Hollywood** Alta costura clásica de un diseñador valenciano. (p. 33)

## Regalos y recuerdos

**Abanicos Carbonell** Abanicos valencianos para fans. (p. 75)

**Kowalski Bellas Artes** Encantadora e inusual tienda de arte. (p. 87)

**Valencia Club de Fútbol Megastore** Camisetas y demás del principal equipo de fútbol de la ciudad. (p. 33)

**Cestería El Globo** Cestos, juguetes de madera y otras sorpresas. (p. 32)

**Plaza Redonda** Varias tiendas de artesanía alrededor de una "plaza" central. (p. 33)

**Tenda Granota** Recuerdos del segundo equipo de fútbol de Valencia. (p. 75)

**Gnomo** Un poco de todo en esta tienda de regalos originales. (p. 87)

**Galería 4** Exposiciones de arte moderno fascinante y asequible. (p. 32)

**Devil Records** El mejor destino para comprar vinilos y música. (p. 32)

# Lo mejor Parques y jardines

PILGRIMEGO / GETTY IMAGES ©

**Jardín del Turia** El antiguo cauce del río es hoy un parque que proporciona una arteria verde a toda la ciudad. (p. 95)

**Ciudad de las Artes y las Ciencias** El impacto visual al pasear por el recinto no se olvida fácilmente. (p. 66)

**Bioparc** Zoo innovador que presenta los animales en bellos hábitats "africanos". (en la imagen; p. 113)

**La Albufera** Hermoso paisaje de laguna, playas, observación de aves y arrozales.

**Plaza de la Virgen** Corazón espiritual del casco antiguo, centrado en una fuente que representa el Turia. (p. 47)

**Jardín Botánico** Este jardín cercado, administrado por la universidad, es agradable para refugiarse del sol. (p. 114)

**Jardines del Real** Preciosos para dar un paseo, con muchas palmeras y naranjos en los antiguos jardines de un palacio. (p. 95)

**Valencia Club de Fútbol** Ver un partido rodeado de seguidores apasionados es una experiencia memorable. (p. 100)

**Playa de las Arenas, Playa de la Malvarrosa, Playa de la Patacona** Las tres playas de la ciudad son en realidad una única y larga franja de arena, estupenda para pasear. (p. 107)

**L'Umbracle Terraza** Elegante terraza de verano para tomar un cóctel bajo las estrellas. (p. 73)

**Jardín de las Hespérides** Jardín formal de estilo francés en el límite de la ciudad vieja. (p. 114)

**Sant Jaume** Nuestro lugar favorito para beber algo en una terraza céntrica y ver la vida pasar. (p. 52)

**Akuarela Playa** Una discoteca junto al mar, con una enorme zona al aire libre para el verano. (p. 109)

**Parque de Cabecera** Un parque ajardinado con lagos, una colina con vistas y mucho espacio para pasear. (p. 119)

# Lo mejor LGBT

Valencia es una ciudad muy abierta a los homosexuales, con una actitud sumamente relajada hacia la sexualidad. En cierto modo, esto significa que el ambiente está menos diferenciado, y en cualquier bar o restaurante de Russafa o del barrio del Carmen, por ejemplo, se puede encontrar una mezcla de gente. No obstante, también hay algunos bares y clubes LGBT.

### Russafa

Es un barrio de moda que atestigua la mentalidad abierta de Valencia. Todo el mundo se sentirá a gusto y la distinción entre sitios LGBT y heterosexuales es tan imprecisa que generalmente no existe. Es buen lugar para conocer gente en un entorno relajado donde empezar la noche.

### Playas

En la ciudad, la más popular es la parte norte de la playa de la Malvarrosa. Al sur, en la zona de la Albufera, la playa de l'Arbre del Gos es la principal playa gay de la región. Es espaciosa, atractiva, nudista (opcionalmente) y muy frecuentada por hombres y mujeres. Está al norte de la playa de El Saler y al sur de Pinedo; se distinguirá por una gran chimenea abandonada. Los autobuses n.os 14 y 15 van a Pinedo y el nº 25 llega a El Saler.

**Trapezzio** El colectivo LGBT está sólidamente establecido en el barrio del Carmen y es una parte importante del vecindario. Este local es un fijo. (p. 61)

**Deseo 54** En esta discoteca predominan los jóvenes y guapos; es una clientela mixta. (p. 99)

**Planet Valencia** Animado bar de Russafa, muy divertido para lesbianas. (p. 85)

**Nuncadigono** Este bar y club gay es discreto de día, pero de noche se calienta mucho. (p. 115)

**Pub Bubu** Los osos y sus amigos encontrarán en este lugar su guarida. (p. 115)

**El Tula Café** En Russafa, recibe a todo el mundo durante todo el día y es frecuentado desde hace tiempo por el colectivo LGBT. (p. 86)

# Lo mejor Arquitectura

Las ciudades mediterráneas se caracterizan por su rico legado arquitectónico, y Valencia no es menos. Los sucesivos períodos de ocupación e influencias se combinaron con un próspero comercio exterior para crear una ciudad dinámica y propensa a innovar, desde el urbanismo romano hasta los caprichos de Calatrava pasando por la elegancia árabe, la majestad gótica y las espirales modernistas.

## Influencias históricas

Desde la fundación de Valencia por legionarios romanos licenciados, las influencias de otras costas del Mediterráneo desempeñaron un importante papel en la arquitectura. Bajando a La Almoina (p. 47) se obtendrá una perspectiva de las primeras estructuras de la ciudad, desde los romanos hasta los árabes. Tras la reconquista cristiana, el gótico se impuso y produjo extraordinarios edificios civiles. En siglos posteriores, arraigaron las tendencias renacentistas y barrocas llegadas del extranjero.

## Modernismo

La versión española del *art nouveau* o Jugendstil, que revolucionó la arquitectura y el diseño, tuvo su base en Barcelona, pero también ejerció una influencia notable en Valencia. El modernismo añadía a los edificios motivos caprichosos, a menudo basados en la naturaleza, y buscaba jugar con las rígidas ideas neoclásicas acerca de las líneas rectas. Los comerciantes ricos patrocinaban a arquitectos prometedores y levantaban casas suntuosas en los nuevos barrios que se construían fuera de las murallas. En L'Eixample hay muchos edificios de este tipo.

## Calatrava

El arquitecto vivo más famoso del mundo es probablemente el valenciano Santiago Calatrava (p. 69), que alcanzó la fama gracias a sus llamativos puentes de formas fluidas. Posteriormente, incorporó estos diseños de apariencia esquelética a diversas obras ambiciosas por todo el mundo. Los edificios que diseñó para la Ciudad de las Artes y las Ciencias, pese a los sobrecostes y otros problemas, son extraordinarios en todos los aspectos.

## Gótico, árabe y más

**La Lonja** Magnífico edificio gótico civil, con una impresionante sala principal. (p. 42)

**Torres de Quart** Esta magnífica puerta, una de las dos que quedan de la muralla, resulta imponente. (foto izda.; p. 57)

**Torres de Serranos** Como las Torres de Quart, esta formidable puerta es un monumento glorioso. (p. 58)

**Catedral** Gótica en su mayor parte, domina el centro de la ciudad. (p. 36)

**Centro del Carmen** Espacio para exposiciones en un bonito claustro gótico. (p. 58)

**Almudín** La escala y diseño de este granero medieval son extraordinarios. (p. 48)

**Castillo de Xàtiva** Esta fortaleza cimera ofrece robusta arquitectura militar de varios períodos. (p. 125)

**Palau de la Generalitat** La sede del Gobierno regional es un bonito palacio gótico. (p. 48)

**Centro Cultural La Nau** Edificio universitario con un majestuoso patio-claustro. (p. 28)

**Las Atarazanas del Grao** Aunque muy modificados con los años, estos almacenes góticos siguen resultando impresionantes. (p. 105)

**Baños del Almirante** La estructura de estos típicos baños árabes está bien conservada. (p. 48)

**Castillo de Sagunto** Su imponente muralla se extiende entre dos cimas. (p. 122)

## Barroco, modernista y moderno

**Ciudad de las Artes y las Ciencias** La controvertida colección de edificios de Calatrava fue cara, pero es un testimonio impactante de su creatividad. (p. 66)

**Palacio del Marqués de Dos Aguas** Una mansión rococó absolutamente extravagante y ostentosa. (p. 27)

**Estación del Norte** Esta estación de trenes es una joya modernista con numerosos detalles llenos de optimismo. (p. 28)

**Mercado de Colón** Impresionante mercado modernista, uno de los principales representantes del estilo en la ciudad. (p. 71)

**Museo de Historia de Valencia** Un fascinante espacio parecido a una cripta, que fue depósito de agua en el s. XIX. (p. 113)

**Ayuntamiento** Este bello edificio neoclásico domina la plaza del Ayuntamiento. (p. 28)

**Mercado Central** Enorme y modernista, es el principal mercado de productos frescos de la ciudad. (p. 40)

**Institut Valencià d'Art Modern** Galería de arte contemporáneo con un diseño impresionante. (p. 57)

**Espai Vert** Llamativo proyecto arquitectónico de los años ochenta que pretendía redefinir la vida vecinal. (p. 93)

# Lo mejor Gratis

**Jardín del Turia** Pasear por los 9 km del cinturón verde que atraviesa el corazón de Valencia. (p. 95)

**Museo de Bellas Artes** Es una de las mejores pinacotecas de España y no cuesta un céntimo. (p. 90)

**Mercado Central** Empaparse del ambiente de este maravilloso mercado. (p. 40)

**Mercado de Colón** Pasear entre las *boutiques* de este bonito mercado con armazón de metal. (p. 71)

**Ciudad de las Artes y las Ciencias** Entrar en los edificios es caro, pero la mejor forma de apreciarlos es dando una vuelta por el exterior. (p. 66)

**Centro Cultural Bancaja** Sus excelentes exposiciones de arte casi siempre son gratuitas. (p. 48)

**Estación del Norte** Esta maravillosa estación modernista es digna de verse aunque no se vaya a tomar ningún tren. (en la imagen; p. 28)

**Plaza de la Virgen** Absorber el ambiente en el corazón del casco antiguo. (p. 47)

**Playa de las Arenas** Una forma clásica de pasar el día sin gastar. (p. 107)

**Luis Adelantado** Interesante galería contemporánea en la ciudad vieja. (p. 28)

**Gulliver** Los niños pueden jugar sobre este gigante dormido. (p. 119)

**Centro Cultural La Nau** Es gratis entrar a admirar el patio de este edificio universitario. Las exposiciones a veces también lo son. (p. 28)

**Nuestra Señora de los Desamparados** Esta iglesia contiene una venerada Virgen, patrona de la ciudad. (p. 49)

**Ayuntamiento** El majestuoso palacio alberga un museo gratuito de historia de la ciudad. (p. 28)

### ☑ Domingos gratis

► Los museos municipales son gratuitos los domingos, al igual que otros puntos de interés como el Museo Nacional de Cerámica. Muchos otros lugares también tienen días o períodos gratuitos.

**Museo del Corpus** La espectacular fiesta valenciana del Corpus Christi se explica en este modesto museo del barrio del Carmen. (p. 59)

**Free Tour Valencia** En estos circuitos a pie se paga la voluntad, pero hay que dejar propina. (p. 49)

# Guía práctica

# Guía práctica

## Antes de partir

### Cuándo ir

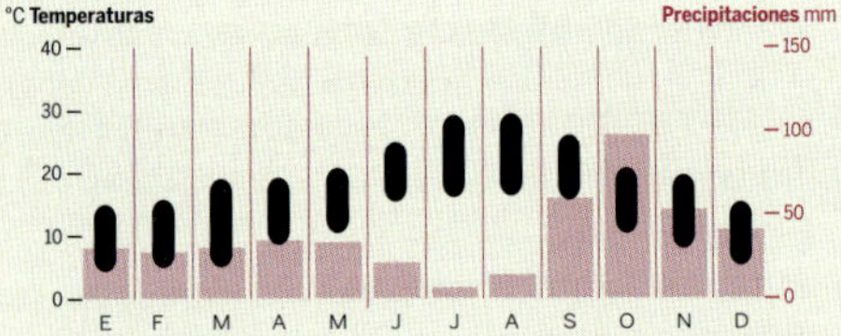


**Primavera (mar-may)** Una época maravillosa: tiempo cálido pero no sofocante, las Fallas, etc.

**Verano (jun-ago)** Caluroso pero divertido, con mucha acción en la zona de playa y hedonismo en el aire.

**Otoño (sep-nov)** La temperatura suele ser muy agradable y hay menos gente.

**Invierno (dic-feb)** No es frío en comparación con el resto de Europa; no hay que posponer la visita por ser invierno.

### Reservas

La oferta hotelera es buena y variada, aunque no hay tantos hoteles-*boutique* pintorescos como cabría esperar en una ciudad de este tamaño. Lo que sí hay es una enorme cantidad de apartamentos céntricos de buena calidad, que son bases excelentes para una estancia urbana.

En el centro hay muchos albergues.

Como Valencia es un centro empresarial, a los hoteles grandes les cuesta llenarse fuera de la semana laboral. Muchos ofrecen descuentos sustanciosos los fines de semana y en pleno verano.

### Webs

☑ La web más útil para reservar hoteles en España es www.booking.com.

Para disfrutar de independencia y alojamiento propio, desde una noche hasta estancias largas, existen numerosos apartamentos, sobre todo en el casco antiguo. Para empezar:

- **Valencia Flats** (☎963 35 67 93; www.valenciaflats.com)
- **Bed & Bike Valencia** (☎963 56 86 16; www.bedandbikevalencia.com; calle del Pintor Fillol 4; apt 65-115 €; ❄ 📶)
- **Valencia Luxury** (www.valencialuxury.com)

### Económico

**Ad Hoc Carmen** (www.adhochoteles.com) Habitaciones modernas y bonitas con una situación ideal.

**Russafa Youth Hostel** (www.russafayouthhostel.com) Acogedor, íntimo y en el barrio de las tapas.

**Home Youth Hostel** (www.homehostelsvalencia.com) Enfrente de la Lonja, con instalaciones excelentes.

**Red Nest Hostel** (www.nesthostelsvalencia.com) Albergue alegre, moderno y con buen ambiente.

**Pensión París** (www.pensionparis.com) Pensión española clásica que ofrece calidad a precio económico.

### Precio medio

**Ad Hoc Monumental** (www.adhochoteles.com) Confort y encanto en pleno casco antiguo.

**Hotel Sorolla Centro** (www.hotelsorollacentro.com) Excelente relación calidad-precio, céntrico pero sin tráfico.

**Hotel Dimar** (www.hotel-dimar.com) Habitaciones modernas y elegantes en el corazón de la zona comercial.

**Hostal Antigua Morellana** (www.hostalam.com) En el casco antiguo, dirigido por una familia y con buen precio.

**Hostal Venecia** (www.hotelvenecia.com) En la plaza principal, ofrece modernidad y buena situación.

### Precio alto

**Caro Hotel** (www.carohotel.com) El hotel con más encanto de Valencia descansa sobre restos arqueológicos.

**Hospes Palau de la Mar** (www.hospes.com) Céntrico y elegantísimo, en una casa señorial del s. XIX.

**Hotel Neptuno** (www.hotelneptunovalencia.com) La opción más atractiva junto a la playa.

**Hotel Vincci Lys** (www.vinccihoteles.com) Céntrico y clásico, con buenas tarifas en temporada baja.

## Cómo llegar

☑ Para conocer la mejor forma de llegar al alojamiento, véase p. 17.

### Aeropuerto de Valencia (Manises)

Las líneas 3 y 5 del metro comunican el aeropuerto con el centro de Valencia. Un taxi al centro cuesta 26 € (incl. el suplemento para viajes con origen en el aeropuerto). El viaje de vuelta son 16 € aprox.

### Estación Joaquín Sorolla

A esta estacion llegarán casi todos los viajeros que utilicen el tren. Un autobús lanzadera gratuito lleva desde allí hasta la estación del Norte, en el límite del casco antiguo y junto a varias rutas de autobús. Un taxi desde estas estaciones hasta cualquier destino del centro cuesta 4-7 €.

### Estación de autobuses

Está 1 km al noroeste del casco antiguo. La estación Turia del metro queda a una manzana y varias líneas de autobús llevan al centro, p. ej. la nº 79, que sirve para ir a Russafa, y la nº 1, paralela al Turia. Un taxi a cualquier punto del centro sale por 4-6 €.

## Billetes y bonos

Los bonos de 1/2/3 días válidos para autobús, metro y tranvía cuestan 4/6,70/9,70 €. Las oficinas de turismo venden la **Valencia Tourist Card** (☎900 70 18 18; www.valenciatouristcard.com; 24/48/72 h 15/20/25 €), que da derecho a viajar gratis en transporte urbano y otros descuentos y ventajas.

# Cómo desplazarse

### Transporte público

☑ **Perfecto para...** Ir a la playa y a la Ciudad de las Artes y las Ciencias.

➡ Hay una red integrada de autobuses, tranvías y metro.

➡ La mayoría de los autobuses (www.emtvalencia.es) circulan hasta las 22.00, y varios servicios nocturnos continúan hasta la 1.00. Se puede comprar un **Bonobús Plus** (8 €, 10 viajes) en las principales estaciones de metro, estancos y quioscos, o bien pagar al subir (1,50 €).

➡ Las líneas de metro (www.metrovalencia.es) cruzan la ciudad y llegan a la periferia. Las estaciones más cercanas al centro son Àngel Guimerà, Xàtiva, Colón y Pont de Fusta.

➡ El tranvía forma parte de la red de metro y es agradable para ir a la playa y al puerto. Se puede coger en Pont de Fusta o en Benimaclet, donde coincide con el metro.

### Bicicleta

☑ **Perfecta para...** Acceder fácilmente a toda la ciudad.

➡ Es una forma estupenda de desplazarse: el parque del Turia da acceso fácil a casi toda la ciudad y hay varios carriles bici más.

➡ Se alquilan en muchos sitios; los hoteles también pueden ayudar.

➡ Valenbisi (www.valenbisi.es) es la red municipal de bicicletas. Se puede obtener un abono de corta duración (13 €) en las máquinas de las estaciones de bicicletas.

### Automóvil y motocicleta

☑ **Perfecto para...** Explorar la región de alrededor.

➡ Aparcar en la calle es una odisea.

➡ En el centro hay aparcamientos subterráneos señalizados. El más barato está en la esquina de la calle Barón de Cárcer con Hospital.

➡ En el aeropuerto y en el centro hay muchas empresas nacionales e internacionales de alquiler de automóviles.

## Taxi

☑ **Perfecto para...** Tarifas razonables a cualquier punto de la ciudad.

➡ Abundan y son económicos.

➡ Cobran aprox. 10 € por ir del centro a la playa y 8 € a la Ciudad de las Artes y las Ciencias.

➡ Llámese a **Radio-Taxi Valencia** (☎ 963 70 33 33; www.radiotaxivalencia.es) o **Tele Taxi Valencia** (☎ 963 57 13 13; www.teletaxivalencia.com).

# Información esencial

## Horario comercial

☑ Estos son los horarios típicos; en las reseñas se indica el horario exacto de cada sitio.

**Bancos** 8.30-14.00 lu-vi; algunos también por la tarde y/o sábado por la mañana.

**Bares** 11.00-1.30, hasta 3.30 fines de semana.

**Clubes** 11.00-6.00 ju-sa.

**Restaurantes** 13.00-15.30 y 20.00-22.30; en general cierran un día a la semana y, con frecuencia, la noche del domingo.

**Tiendas** 10.00-14.00 y 17.00-20.00 lu-vi, 10.00-14.00 sa.

## Tarjetas de descuento

☑ Normalmente, hay que visitar muchos puntos de interés para que la Valencia Tourist Card sea rentable.

La **Valencia Tourist Card** (☎ 900 70 18 18; www.valenciatouristcard.com; 24/48/72 h 15/20/25 €) ofrece varias opciones, pero todas incluyen transporte público gratuito y entrada gratis o con descuento a los puntos de interés.

Se vende en oficinas de turismo, puntos de atención al cliente del metro, muchos hoteles y quioscos y en una máquina del aeropuerto.

## Urgencias

➡ Para cualquier emergencia, hay que llamar al ☎ 112.

## Electricidad

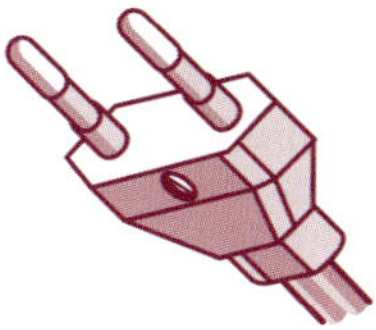

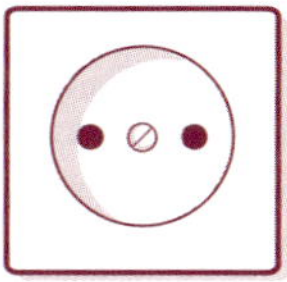

220V/230V/50Hz

## Dinero

☑ La forma más sencilla de conseguir euros es sacarlos de un cajero en la ciudad.

➡ En España se utiliza el euro (€), que se divide en 100 céntimos.

➡ Los cajeros automáticos abundan y aceptan tarjetas extranjeras.

➡ Las tarjetas de crédito se admiten en casi todos los hoteles y restaurantes, pero no en todos los bares.

➡ Una propina del 5% en un restaurante se considera generosa y no es obligatorio dejarla. Tampoco es necesario en los bares. En los taxis, se suele redondear al alza.

## Fiestas oficiales

Los principales períodos vacacionales en España son Semana Santa (la semana que precede al Domingo de Pascua) y julio-agosto.

- **Año Nuevo** 1 de enero
- **Epifanía** o **día de los Reyes Magos** 6 de enero
- **San Vicente Mártir** 22 de enero
- **San José** 19 de marzo
- **Viernes Santo** marzo/abril
- **San Vicente Ferrer** Ocho días después del Domingo de Pascua
- **Fiesta del Trabajo** 1 de mayo
- **San Juan** 24 de junio
- **La Asunción** 15 de agosto
- **Día de la Comunidad Valenciana** 9 de octubre
- **Fiesta Nacional de España** 12 de octubre
- **Día de Todos los Santos** 1 de noviembre
- **Día de la Constitución** 6 de diciembre
- **La Inmaculada Concepción** 8 de diciembre
- **Navidad** 25 de diciembre

## Teléfono

☑ Para llamar a un teléfono español desde fuera del país, hay que marcar el código de acceso internacional, el prefijo de España (34) y el número.

- Los números de móvil suelen empezar por 6, y los fijos por 9.
- Se puede usar una tarjeta SIM española en un móvil liberado. Los paquetes de datos son lo que sale más a cuenta para mantener el contacto y llamar al extranjero.
- Las tarifas de *roaming* dentro de la UE son mínimas hoy en día.

### Prefijos telefónicos

- Código de acceso internacional ☎00
- Prefijo de España ☎34
- Los prefijos de zona van incluidos en el número.

## Información turística

☑ La mejor guía en línea de la ciudad es www.lovevalencia.com.

**Oficina regional de turismo** (Plano p. 26; ☎963 98 64 22; www.comunitatvalenciana.com; calle de la Paz 48; ⏲10.00-18.00 lu-vi, 10.00-14.00 sa y do) Información sobre toda la costa.

**Punto de información turística** (Plano p. 26; ☎963 52 49 08; www.turisvalencia.es; plaza del Ayuntamiento; ⏲9.00-19.00 lu-sa, 10.00-14.00 do) La principal oficina municipal del centro.

**Oficina de turismo de la estación Joaquín Sorolla** (Plano p. 112; ☎963 80 32 63; www.turisvalencia.es; estación Joaquín Sorolla; ⏲10.00-18.00 lu-vi, 10.00-15.00 sa y do) En la estación de trenes de largo recorrido; hay otra en el aeropuerto.

## Viajeros con discapacidades

Muchos puntos de interés, instituciones públicas y algunos hoteles son accesibles en silla de ruedas. Suele haber rampas en los autobuses y escaleras mecánicas en el metro.

## Visados

Generalmente no son necesarios para estancias de hasta 90 días. Algunas nacionalidades requieren visado Schengen.

# Idioma

Nadie espera que los visitantes aprendan a hablar en valenciano durante sus vacaciones, pero conocer algunas expresiones puede ser de gran ayuda a la hora de establecer una conversación.

## Conversación

**Hola.** *Hola.*

**Adiós.** *Adéu.*

**Sí.** *Sí.*

**No.** *No.*

**Por favor.** *Per favor.*

**Gracias.** *Gràcies.*

**De nada.** *De res.*

**Perdón.** *Perdó.*

**Lo siento/Discúlpeme.** *Ho sent/ Disculpe'm.*

**No entiendo.** *No entenc.*

**¿Cuánto cuesta esto?** *Quant val, això?*

## Cómo desplazarse

**¿Dónde está (la parada de metro)?**

*On és (la parada de metro)?*

**Quiero ir a...**

*Vull anar a...*

**¿Me puede indicar (en el mapa)?**

*Pot indicar-me al plànol?*

**¿A qué hora sale/llega el...?**

*A quina hora ix/arriba...?*

| | |
|---|---|
| **autobús** | *l'autobús* |
| **tren** | *el tren* |
| **metro** | *el metro* |

## Datos prácticos

**Quisiera un billete...**

*Voldria un bitllet...*

| | |
|---|---|
| **sencillo** | *senzill* |
| **de ida y vuelta** | *d'anada i tornada* |

## Alojamiento

**¿Tiene...?** *Té...?*

**habitaciones libres**
*habitacions lliures*

**una habitación individual**
*una habitació individual*

**una habitación doble**
*una habitació doble*

**una habitación con baño**
*una habitació amb bany*

**¿Cuánto cuesta...?** *Quant val...?*

| | |
|---|---|
| **por noche** | *per nit* |
| **por persona** | *per persona* |

## Por la ciudad

**Estoy buscando...** *Busque...*

| | |
|---|---|
| **un banco** | *un banc* |
| **la catedral** | *la catedral* |
| **el hospital** | *l'hospital* |
| **la policía** | *la policia* |

## Comida

**desayuno** *desdejuni*

**comida** *dinar*

**cena** *sopar*

**Quisiera el menú del día.**
*Voldria el menú del dia.*

**¿La cuenta incluye el servicio?**
*El compte inclou el servei?*

**Soy vegetariano/a.**
*Sóc vegetarià/ana.*

## Hora, días y números

**¿Qué hora es?** *Quina hora és?*

**hoy** *hui*

**mañana** *demà*

**ayer** *ahir*

**mañana** *matí*

**tarde** *vesprada*

**noche** *nit*

**lunes** *dilluns*

**martes** *dimarts*

**miércoles** *dimecres*

**jueves** *dijous*

**viernes** *divendres*

**sábado** *dissabte*

**domingo** *diumenge*

**0** *zero*

**1** *un/una*

**2** *dos/dues*

**3** *tres*

**4** *quatre*

**5** *cinc*

**6** *sis*

**7** *set*

**8** *vuit*

**9** *nou*

**10** *deu*

**100** *cent*

**1000** *mil*

## Urgencias

**¡Socorro!**
*Auxili!*

**¡Llame a un médico!**
*Cride un metge!*

**¡Llame a la policía!**
*Cride la policia!*

**¿Dónde están los servicios?**
*On són els serveis?*

**¡Váyase!**
*Vaja-se'n!*

**Estoy perdido/a.**
*M'he perdut.*

# Entre bastidores

## La opinión del lector

Agradecemos a los lectores cualquier comentario que ayude a que la próxima edición pueda ser más exacta. Toda la correspondencia recibida se envía al equipo editorial para su verificación. Es posible que algún fragmento de esta correspondencia se use en las guías o en la web de Lonely Planet. Aquellos que no quieran ver publicados sus textos ni su nombre, deben hacerlo constar. La correspondencia debe enviarse, indicando en el sobre Lonely Planet / Actualizaciones, a la dirección de geoPlaneta en España: Av. Diagonal 662-664. 08034 Barcelona. También puede remitirse un correo electrónico a: viajeros@lonelyplanet.es. Para información, sugerencias y actualizaciones, se puede visitar www.lonelyplanet.es.


## Agradecimientos

Mis maravillosos amigos de Valencia me ayudaron con la documentación y me ofrecieron una fantástica hospitalidad. Les estoy agradecido a todos, pero especialmente a Rosa Martínez Sala, Delfina Soria Bonet, Dolors Roca Ferrerfabrega, Enrique Lapuente Ojeda, Adrián Lapuente Roca y Laura Martínez Rudilla, que se desvivieron por ayudar. Gracias a Richard Wheatley por un gran fin de semana investigando tapas, y también a Eduardo Cuadrado Diago, Richard Prowse, Joan Francesc Peris García y a mi familia por su apoyo constante.

## Reconocimientos

Fotografía de cubierta: Ciudad de las Artes y las Ciencias, Raga Jose Fuste/ Alamy© Del sumario: Ciudad de las Artes y las Ciencias, Karl T H O M A S/ Getty©


## Este libro


Esta es la traducción al español de la 2ª edición de *Pocket Valencia* de Lonely Planet, escrita y documentada por Andy Symington. La edición anterior fue escrita por Miles Roddis.

**Versión en español**

GeoPlaneta, que posee los derechos de traducción y distribución de las guías Lonely Planet en los países de habla hispana, ha adaptado para sus lectores los contenidos de este libro.

Lonely Planet y GeoPlaneta quieren ofrecer al viajero independiente una selección de títulos en español; esta colaboración incluye, además, la distribución en España de los libros de Lonely Planet en inglés e italiano, así como un sitio web, www.lonelyplanet.es, donde el lector encontrará amplia información de viajes y las opiniones de los viajeros.

**Gracias a** Andrew y Madeline Fiori, Pierre Galea, Deane Jennings, Nick Peel, Kirsten Rawlings, Victoria Smith, Tony Wheeler.

# Índice

**Véanse también los subíndices:**


**Dónde comer p. 158**

**Dónde beber p. 158**

**Ocio p. 159**

**De compras p. 159**




**Puntos de interés 000**
Planos **000**

## Dónde comer



**Puntos de interés 000**
Planos **000**

## Dónde beber

## Ocio



## De compras

# El autor

## Andy Symington

Andy es australiano, pero vive en España desde hace 15 años. Para romper un par de tópicos del país, a menudo se le puede encontrar acurrucado a temperaturas bajo cero mientras ve al lamentablemente flojo equipo de fútbol local. Es autor y coautor de muchas guías Lonely Planet y otras publicaciones sobre España y otros países; en su tiempo libre hace senderismo por la montaña, se embarca en rutas épicas de tapeo y codirige un bar de rockero.

**geoPlaneta**
Av. Diagonal 662-664 08034 Barcelona
viajeros@lonelyplanet.es
www.geoplaneta.com - www.lonelyplanet.es

**Lonely Planet Global Limited**
Lonely Planet Global Limited, Unit E, Digital Court,
The Digital Hub, Rainsford Street, Dublín 8, Irlanda
(oficinas también en Reino Unido y Estados Unidos)
www.lonelyplanet.com - talk2us@lonelyplanet.com.au

**Valencia de cerca**
3ª edición en español – mayo del 2017
Traducción de *Pocket Valencia*, 2ª edición – enero del 2017

**Editorial Planeta, S.A.**
Av. Diagonal 662-664, 7º. 08034 Barcelona (España)
Con la autorización para la edición en español de Lonely Planet Global Ltd A.B.N. 36 005 607 983, Lonely Planet Global Limited, Unit E, Digital Court, The Digital Hub, Rainsford Street, Dublín 8, Irlanda



ISBN: 978-84-08-16473-9

Depósito legal: B. 20.001-2016
Impresión y encuadernación: Unigraf
Printed in Spain – Impreso en España